Jasmin Berger, Geronimo Groh,
Simone Lettner (Hrsg.)

SPRACHE(N) UND GRENZE(N) – SPRACHGRENZEN

ÜBERSETZEN, DIALEKT UND LITERATUR, LITERARISCHE MEHRSPRACHIGKEIT

FRONTIÈRES LINGUISTIQUES – LANGUE(S) ET FRONTIÈRE(S)

L'ART DE LA TRADUCTION, DIALECTE ET LITTÉRATURE, PLURILINGUISME LITTÉRAIRE

AN INTERDISCIPLINARY SERIES
OF THE CENTRE FOR INTERCULTURAL AND EUROPEAN STUDIES

INTERDISZIPLINÄRE SCHRIFTENREIHE
DES CENTRUMS FÜR INTERKULTURELLE UND EUROPÄISCHE STUDIEN

CINTEUS • Fulda University of Applied Sciences • Hochschule Fulda

ISSN 1865-2255

18 *Aileen Heid*
 Erinnerungspolitik
 Nordirlands langer Weg zum Frieden
 ISBN 978-3-8382-1351-4

19 *Juliana Damm, Maren Mlynek*
 Die AfD und Geflüchtete
 Was rechte Ideologie gesellschaftlich bewirkt
 ISBN 978-3-8382-1448-1

20 *Julian Wessendorf*
 Euroskeptizismus auf dem Vormarsch
 Positionen der politischen Rechten im
 Europaparlament
 ISBN 978-3-8382-1557-0

21 *Kirsten Nazarkiewicz, Norbert Schröer (Hrsg.)*
 Verständigung in pluralen Welten
 ISBN 978-3-8382-1345-3

22 *Stamatia Devetzi (Ed.)*
 Practical issues of European Social Security Law: A Dialogue
 between Academia and Practitioners
 ISBN 978-3-8382-1706-2

23 *Jasmin Berger, Geronimo Groh, Simone Lettner (Hrsg.)*
 Sprache(n) und Grenze(n) – Sprachgrenzen: Übersetzen,
 Dialekt und Literatur, Literarische Mehrsprachigkeit
 Frontières linguistiques – langue(s) et frontière(s) : L'art de la
 traduction, dialecte et littérature, plurilinguisme littéraire
 ISBN 978-3-8382-1918-9

Series Editors

Volker Hinnenkamp
Gudrun Hentges
Anne Honer †
Matthias Klemm
Hans-Wolfgang Platzer

Jasmin Berger, Geronimo Groh,
Simone Lettner (Hrsg.)

SPRACHE(N) UND GRENZE(N) – SPRACHGRENZEN
ÜBERSETZEN, DIALEKT UND LITERATUR,
LITERARISCHE MEHRSPRACHIGKEIT

FRONTIÈRES LINGUISTIQUES – LANGUE(S) ET FRONTIÈRE(S)
L'ART DE LA TRADUCTION, DIALECTE ET
LITTÉRATURE, PLURILINGUISME LITTÉRAIRE

Bibliografische Information der Deutschen Nationalbibliothek

Die Deutsche Nationalbibliothek verzeichnet diese Publikation in der Deutschen Nationalbibliografie; detaillierte bibliografische Daten sind im Internet über http://dnb.d-nb.de abrufbar.

Bibliographic information published by the Deutsche Nationalbibliothek

Die Deutsche Nationalbibliothek lists this publication in the Deutsche Nationalbibliografie; detailed bibliographic data are available on the Internet at http://dnb.d-nb.de.

ISBN (Print): 978-3-8382-1918-9
ISBN (E-Book [PDF]): 978-3-8382-7918-3
© *ibidem*-Verlag, Hannover • Stuttgart 2025

Leuschnerstraße 40
30457 Hannover
info@ibidem.eu

Alle Rechte vorbehalten

Das Werk einschließlich aller seiner Teile ist urheberrechtlich geschützt. Jede Verwertung außerhalb der engen Grenzen des Urheberrechtsgesetzes ist ohne Zustimmung des Verlages unzulässig und strafbar. Dies gilt insbesondere für Vervielfältigungen, Übersetzungen, Mikroverfilmungen und elektronische Speicherformen sowie die Einspeicherung und Verarbeitung in elektronischen Systemen.

All rights reserved. No part of this publication may be reproduced, stored in or introduced into a retrieval system, or transmitted, in any form, or by any means (electronic, mechanical, photocopying, recording or otherwise) without the prior written permission of the publisher. Any person who commits any unauthorized act in relation to this publication may be liable to criminal prosecution and civil claims for damages.

Printed in the EU

Inhaltsverzeichnis

Jasmin Berger, Geronimo Groh, Simone Lettner
Einleitung 7

Teil 1: Sprache(n) und Grenze(n) als Diskursgegenstand
Magdalena Mühlböck
„Denn der Mythos ist die höchste aller Wirklichkeiten".
Grenzüberschreitungen und polyphone Pazifikimaginationen
bei Judith Schalansky 19
Gabriel Labrie
Quand frontière linguistique devient espace identitaire :
Parcours conceptuel de la trajectoire migratoire à la lumière
du roman *Mrs Haroy ou la mémoire de la baleine* de
Jean Portante 33
Caio Lee
Exil, débordement et traduction : le cas des *Minima Moralia*
de Theodor Adorno 47
Simone Lettner
Dialekt in Figurenreden von Stefan Zweigs *Ungeduld des
Herzens* und *Clarissa*. Sprachkonstrukt als Mentalitätskritik 61
Geronimo Groh
„Auf Glück, Verwandten, Freund und Zeit": une épigramme
du poète François Maynard (1582 – 1646) traduite en allemand
par Barthold Heinrich Brockes (1680 – 1747) 75

Teil 2: Sprache(n) und Grenze(n) anwendungsorientiert
Hans Baumann
Die Bedeutung des Lateinischen für die Vermittlung des
Französischen als Fremdsprache in der Frühen Neuzeit 91

Solène Scherer
Le mot (nu) ment. De la difficulté de traduire et transcrire les mots et les concepts du patrimoine 105

Jasmin Berger
Überwindung von Sprachgrenzen in den *Asterix*-Comics: Übersetzungen und Übertragungen ins Standarddeutsche und Hessische 119

Natalie Bella
Dolmetschen als produktiver Aushandlungsraum: Performative Praktiken im strategischen Management einer „guten" Übersetzung? 135

Kurzbiografien 149

Jasmin Berger, Geronimo Groh, Simone Lettner

Einleitung

Die Thematisierung und Problematisierung der Überwindung von Sprachgrenzen ist schon seit langer Zeit ein Verhandlungsgegenstand der Kulturwissenschaften, doch in jüngerer Vergangenheit und in der Gegenwart haben damit zusammenhängende Fragestellungen in der Forschung ganz besonders viel Aufmerksamkeit erfahren. Facettenreiche Effekte der Globalisierung, Technisierung und Digitalisierung und von daraus resultierenden Migrationsbewegungen haben dazu geführt, dass das kulturwissenschaftliche Interesse an der Größe ‚Raum' im letzten halben Jahrhundert deutlich gestiegen ist. In seinem Aufsatz *Des espaces autres (Von anderen Räumen)* postuliert Michel Foucault für das 20. Jahrhundert, dass es ein Jahrhundert des Raumes sei, wohingegen das 19. Jahrhundert primär durch Zeitordnungen strukturiert gewesen sei.[1] Gemeinsam mit Henri Lefebvre war Foucault entscheidender Einflussgeber für den US-amerikanischen Sozialgeographen Edward Soja und dessen programmatischen Ausruf eines „spatial turn",[2] der über Fachgrenzen hinweg zu einem allgemein gebräuchlichen (wenn auch keineswegs eine einheitliche Theorie bezeichnenden) Schlagwort avanciert ist.

Eine von zahlreichen Auswirkungen dieser Hinwendung zu und Neukonzeptualisierung von Raum besteht darin, dass räumliche Bedingtheiten der Literaturproduktion stärker in den Blick geraten, und infolge der diversifizierten und sich zunehmend pluralisierenden Lebenswelten der Moderne werden auch der Stellenwert und die Rolle der einzelnen Nationalphilologien hinterfragt, etwa anhand von Elke Sturm-Trigonakis' Vorschlag einer „Neuen Weltliteratur".[3] Jedoch ist dieses Konzept seinerseits bzw. die angloamerikanische Ausprägung der „World Literature" wiederum dem Vorwurf ausgesetzt, erneut Hegemonialstellungen zu

---

1 Vgl. Michel Foucault, „Des espaces autres", in: Ders.: *Dits et écrits IV: 1980–1988*. Édition établie sous la direction de Daniel Defert et François Ewald, Paris, Gallimard, 1994, S. 752–762, hier S. 752.
2 Vgl. Edward W. Soja, *Postmodern geographies. The reassertion of space in critical social theory*, London, Verso, 1989.
3 Vgl. Elke Sturm-Trigonakis, *Global playing in der Literatur. Ein Versuch über die neue Weltliteratur*, Würzburg, Königshausen und Neumann, 2007.

produzieren und über das genuin Unübersetzbare hinwegzusehen.[4] Wie anhand von solchen Debatten anschaulich wird, ist der Nexus von Sprache(n) und Grenze(n) offenkundig immer ein politisch aufgeladener und zudem im Hinblick auf die Literaturproduktion sozioökonomisch grundiert.

Mit Rolf Parr kann davon gesprochen werden, dass „beinahe jedes der im 20. und 21. Jahrhundert reüssierenden kultur- und literaturwissenschaftlichen Denkgebäude [sich] in irgendeiner Form mit ‚Liminalem' befasst".[5] Mit dem Hinweis auf Liminales wird zugleich die Frage nach dem Unterschied zwischen Grenze und Schwelle virulent, die etwa Walter Benjamin klar voneinander getrennt wissen will.[6] Im hier vorliegenden Zusammenhang kann der Bereich des Liminalen als eine teilweise komplementäre und jedenfalls essentielle Ergänzung zum Konzept der Grenze gelten. Während die Grenze häufig als Linie gedacht wird, besitzt eine Schwelle gemeinhin eine gewisse Ausdehnung; zudem wird tendenziell Schwellen eher Durchlässigkeit zugestanden als Grenzen – jedoch können diese Zuschreibungen und Vorstellungen je nach Theoriebildung variieren.

Das Feld kulturwissenschaftlicher Grenzforschung ist ohne weitere *Eingrenzung* schier unüberschaubar. Unterschiedliche Ansätze und Zugänge wie z.B. die Translation Studies,[7] die Border Studies[8] und Boundary-Forschung, Homi Bhabhas postkoloniales Konzept der Transkulturalität und daran anknüpfende Untersuchungen,[9] Handbuchprojekte

---

4   Vgl. Emily Apter, *Against World Literature. On the Politics of Untranslatability*, London, Verso, 2013. Vgl. in diesem Kontext außerdem Barbara Cassin, *Vocabulaire européen des philosophies : Dictionnaire des intraduisibles*, Paris, Le Robert/Seuil, 2004.
5   Rolf Parr, „Liminale und andere Übergänge. Theoretische Modellierungen von Grenzzonen, Normalitätsspektren, Schwellen, Übergängen und Zwischenräumen in Literatur- und Kulturwissenschaft", in: Achim Geisenhanslüke u. Georg Mein (Hg.), *Schriftkultur und Schwellenkunde*, Bielefeld, transcript, 2008 (Literalität und Liminalität 1), S. 11–63, hier S. 12.
6   Vgl. Walter Benjamin, *Das Passagen-Werk V/1*. Hg. v. Rolf Tiedemann, Frankfurt a.M., Suhrkamp, 1982, S. 618.
7   Bspw. Reine Meylaerts u. Kobus Marais (Hg.), *The Routledge Handbook of Translation Theory and Concepts*, Abingdon, Routledge, 2023; R. Kelly Washbourne u. Benjamin Van Wyke (Hg.), *The Routledge Handbook of Literary Translation*, Abingdon/New York, Routledge, 2019.
8   Vgl. etwa Christian Wille, Astrid Fellner u. Eva Nossem (Hg.), *Bordertextures. A Complexity Approach to Cultural Border Studies*, Bielefeld, transcript, 2022 (Edition Kulturwissenschaft 136).
9   Vgl. Homi K. Bhabha, *Die Verortung der Kultur*. Mit einem Vorwort von Elisabeth Bronfen, Tübingen, Stauffenburg, 2000; vgl. dazu u.a. Christof Hamann (Hg.), *Räume der Hybridität. Postkoloniale Konzepte in Theorie und Literatur*, Hildesheim, Olms, 2002.

zu literarischer Mehrsprachigkeit,[10] Publikationsreihen wie *Literalität und Liminalität*[11] oder Poetiken sprachlicher Grenzüberwindungen und von Mehrsprachigkeit[12] sind allesamt als impulsgebend für das komplexe Verhältnis von Sprache(n) und Grenze(n) anzuführen, und dies sind lediglich vereinzelte exemplarische Nennungen aus einem wesentlich breiteren Spektrum.

Das rege Forschungsinteresse ist gut erklärbar, haben doch gerade Sprache und Literatur eine ganz besondere Beziehung zu Grenzen; sie arbeiten an deren Setzung mit und arbeiten sich an deren Überwindung ab, sie werden selbst durch Grenzsetzungen geteilt und kategorisiert und stehen somit in einem vielfach kodierten Wechselverhältnis zu ihnen. Zu bedenken ist nicht zuletzt, dass räumliche Vorstellungen und Spracharbeit an und mit Grenzen sowohl wesentliche epistemologisch-heuristische Funktionen erfüllen als auch häufig einen symbolisch-metaphorischen Charakter aufweisen. Im Fokus des vorliegenden Sammelbandes stehen Sprachgrenzen und die Wechselwirkung zwischen Sprache(n) und Grenze(n) aber nicht so sehr in einem abstrakt-metaphorischen, sondern vielmehr in einem konkret-pragmatischen Interesse: Es geht um Verhältnisse von Sprachen und Sprachvarietäten, die einerseits von fließenden Grenzen, graduellen Abstufungen und dynamischen Ausverhandlungen von Grenzsetzungen, andererseits mitunter auch von harten Brüchen zeugen können.

Da die Interferenzen von Sprache(n) und Grenze(n) aus Sicht der Sprach- und Literaturwissenschaften dermaßen vielschichtig und komplex sind – so drängen sich in diesem Kontext etwa sprachphilosophische, mediengeschichtliche, psycholinguistische und gattungstheoretische Reflexionen auf, um nur einzelne Beispiele zu nennen –, musste für den vorliegenden Sammelband ein *begrenzterer* Rahmen festgelegt werden, wobei der zweisprachigen Ausrichtung der zugrundeliegenden Nachwuchsveranstaltung gemäß als Nationalsprachen Deutsch und Französisch im Mittelpunkt der Beiträge stehen. Auf die Kategorisierung von sprachlichen

---

10 Vgl. z.B. Till Dembeck u. Rolf Parr (Hg.), *Literatur und Mehrsprachigkeit. Ein Handbuch*, Tübingen, Narr Francke Attempto, 2017; Steven G. Kellmann u. Natasha Lvovich (Hg.), *The Routledge Handbook of Literary Translingualism*, Abingdon/New York, Routledge, 2021.
11 Achim Geisenhanslüke u. Georg Mein (Hg.), *Literalität und Liminalität*, Bielefeld, transcript, 2008ff.
12 Vgl. z.B. Patrizia Noel Aziz Hanna u. Levente Seláf (Hg.), *The poetics of multilingualism. La poétique du plurilinguisme*, Newcastle upon Tyne, Cambridge Scholars Publishing, 2017 (Poetica et metrica 2); Rüdiger Görner, *Grenzen, Schwellen, Übergänge. Zur Poetik des Transitorischen*, Göttingen, Vandenhoeck & Ruprecht, 2001.

Idiomen angewandt, bereitet die Frage der Grenze nicht unerhebliche Probleme, da es anhand von linguistischen Kriterien bekanntlich nicht möglich ist, Varietäten und „eigene" Sprachen in aller Trennschärfe voneinander zu sondern; entsprechende Klassifizierungen haben sich stattdessen als soziopolitisch motiviert erwiesen.[13] Das Spannungsfeld von (real vorgenommenen oder imaginierten) nationalstaatlichen Grenzüberschreitungen, das kreative Jonglieren mit unterschiedlichen Sprachen, Varietäten und Sprachregistern und die Frage, wie mit daraus resultierenden existentiellen Erfahrungen literarisch und kulturell umgegangen wird, sind die Interessensschwerpunkte dieses Bandes, der auch im Hinblick auf die fachliche Zuordnung und Methodologie grenzüberschreitend ausgerichtet ist und neben linguistischen und literaturwissenschaftlichen Zugängen etwa auch soziologische, philosophische und kunsthistorische Anknüpfungspunkte bietet.

Die Beiträge gruppieren sich um zwei Schwerpunktsetzungen, die nachfolgend vorgestellt werden, und beziehen sich auf literarische, philosophische und kulturelle Gegenstände aus unterschiedlichen Epochen zwischen dem 16. Jahrhundert und der Gegenwart. Während die erste Gruppe an Beiträgen eine chronologisch absteigende Anordnung aufweist, beginnend mit einem Beispiel der Gegenwartsliteratur und abschließend mit Übersetzungen eines barocken Epigrammes, nimmt die zweite Sektion des Sammelbandes ihren Ausgang von einem Blick auf den Fremdsprachenunterricht im 17. und 18. Jahrhundert und folgt einer chronologisch aufsteigenden Struktur bis zum letzten Beitrag dieses Abschnittes zur zeitgenössischen Dolmetscherpraxis. Auf diese Weise kann die *Grenze* zwischen den beiden Hälften des Sammelbandes auch als Scheidewand – oder vielmehr als Schwelle? – im Sinne eines Ausgangspunktes für zwei imaginäre, in entgegengesetzte Richtungen verlaufende Zeitstrahlen aufgefasst werden, wobei zeitlich voneinander Abzugrenzendes hier thematisch verbunden erscheint. Der bilingualen Grundintention des Bandes gemäß wechseln dagegen die beiden Beitragssprachen einander bewusst ohne trennende Gliederung und nicht streng alternierend ab.

---

13 Vgl. z.B. Till Dembeck, „Für eine Philologie der Mehrsprachigkeit. Zur Einführung", in: Ders. u. Georg Mein (Hg.), *Philologie und Mehrsprachigkeit*, Heidelberg, Universitätsverlag Winter, 2014 (Beiträge zur neueren Literaturgeschichte 315), S. 9–38, hier S. 24; Georg Kremnitz, *Mehrsprachigkeit in der Literatur. Wie Autoren ihre Sprache wählen. Aus der Sicht der Soziologie der Kommunikation*, Wien, Praesens, 2004, S. 18–21.

Einleitung

Der erste Teil des Sammelbandes, *Sprache(n) und Grenze(n) als Diskursgegenstand*, ist Beiträgen gewidmet, die sich mit literarischen und philosophischen Diskurspraktiken auseinandersetzen und dabei einen kritischen, analytischen Blick auf die gesellschaftlichen und ideologischen Voraussetzungen werfen, die die Entstehung metasprachlichen Denkens und Handelns überhaupt erst ermöglichen. In ihrer primären Funktion der Benennung und der sozialen Kontaktnahme dient die Sprache ebenso der Wissensbildung als auch der Vermittlung von (Er-)Kenntnissen. Als „animal symbolicum" (gemäß Ernst Cassirer) abstrahiert der Mensch im sozialen Austausch empirische Daten und wandelt sie in ein System von Sinnbildern um, das die formlose (Außen-)Welt durch Verfahren von *Grenzsetzungen* erst zu einem geistig auffassbaren Gegenstand werden lässt. Die eigentliche Tragik der Sprache besteht darin, dass sie als sinn- und bedeutungsstiftende Instanz den geistigen Aushandlungsraum zwar grundiert, aber diesen zugleich ein- und be*grenzt*. Jedoch bietet die Sprache jederzeit einen Notausgang, der es dem/der Sprecher*in gestattet, sprachkritisch zu denken und sich jenseits der festgeschriebenen Grenzen zu bewegen.

Den ebenso produktiven wie konfliktträchtigen Umgang mit dem Medium Sprache thematisiert Magdalena Mühlböck in ihrem Beitrag *Grenzüberschreitungen und polyphone Pazifikimaginationen bei Judith Schalansky*. Bei dieser Untersuchung des *Atlas der abgelegenen Inseln* (2009) und der Erzählung *Tuanaki* im *Verzeichnis einiger Verluste* (2018) wird der kuriosen und schmerzvollen Verflechtung ausländischer Gewaltherrschaft, eurozentrischer Sprachschöpfungen und postkolonialer Emanzipation bei der Herausbildung des Pazifiks als Erfahrungs- und Vorstellungsraum besondere Aufmerksamkeit geschenkt. Hier wird dargestellt, wie die (De-)Konstruktion eines geografischen und kulturellen Raumes stets von dem Streben nach Aneignung und dem Ringen um Deutungshoheit geprägt ist. Die von Magdalena Mühlböck analysierten Texte dekonstruieren den ‚Pazifik' als bloße Projektionsfläche europäischer Fantasien und zeugen somit von einem bemerkenswerten Perspektivenwechsel.

Mit der Erfahrung der Alterität setzt sich auch Gabriel Labrie in seinem Beitrag über den Roman *Mrs. Haroy ou la mémoire de la baleine* (1993) des französischsprachigen Schriftstellers Jean Portante auseinander, der die Migrationserfahrungen einer italienischstämmigen Familie im Großfürstentum Luxemburg schildert. Sowohl der Roman selbst als auch die im Titel erwähnte Walfigur, die als ein unter Wasser lebendes Säugetier das fortdauernde Oszillieren im Schwellenraum verschiedener

Kulturen und Sprachgemeinschaften symbolisiert, stehen für die vielschichtige Literatur und Identität Luxemburgs, die Gabriel Labrie anhand einer kritischen Bewertung literaturwissenschaftlicher Begriffe wie demjenigen der „écriture migrante" genauer betrachtet.

Sowohl der Umgang mit Alterität als auch schwellen- und grenzüberschreitende Erlebnisse stehen im Mittelpunkt von Caio Lees Beitrag, der die semantische Vielgestaltigkeit und Ambivalenz des Exilbegriffs in Theodor W. Adornos *Minima Moralia* (1951) untersucht. Dabei wird insbesondere der Erfahrung des Exils im Alltag und Phänomenen der Entfremdung im „beschädigten Leben" Rechnung getragen. Caio Lee untersucht zudem die von Adorno angesprochene Übersetzungsarbeit, die als Prozess des Übergangs und der Umgestaltung interpretiert werden kann.

Mit der Erforschung interlingualer Phänomene beschäftigt sich auch Simone Lettner, die die Repräsentation und die Funktion mittelbairischer Sprachvarietäten in zwei fiktionalen Werken des österreichischen Schriftstellers Stefan Zweig (*Clarissa,* erstmals 1990, und *Ungeduld des Herzens*, 1939) analysiert. Die dem Dialekt nachempfundenen Figurenreden Zweigs gehen über den Gebrauch von Austriazismen weit hinaus und bilden ein kurioses Phänomen der Verschmelzung dialektaler und standardsprachlicher Elemente. Ferner wird aufgezeigt, dass die Darstellung des Dialektes nicht ausschließlich der Wiedergabe des Lokalkolorits dient, sondern darüber hinaus als subtile Mentalitätskritik zu verstehen ist.

Der Beitrag von Geronimo Groh beschäftigt sich wiederum mit dem Thema der Übersetzung, wobei er den Schwerpunkt seiner Arbeit auf die Anwendung verschiedener Stilideale auf die von Barthold Heinrich Brockes (1680–1747) angefertigten Übertragungen eines französischen Epigramms des Toulouser Dichters François Maynard (1582–1646) legt. Bei näherer Untersuchung der von Brockes verfassten Texte zeigt sich, dass – anders als in der heutigen, eher kommunikativen Übersetzungspraxis – rhetorische Schreibmethoden und Denkvorgänge den Prozess der Textproduktion prägten und leiteten.

Die Beiträge des zweiten Teils dieses Tagungsbandes, S*prache(n) und Grenze(n) anwendungsorientiert*, befassen sich mit der Praxis des Übersetzens und Kulturvermittelns. Ein pragmatischer bzw. anwendungsorientierter Zugang ist hier im Fokus, welcher Sprache(n) und das Vermitteln zwischen Kulturen in den verschiedensten alltäglichen Lebensbereichen beleuchtet: Sprachunterricht, Denkmalschutz, Comics als Beispiel der Populärkultur sowie Dolmetschen im Jobcenter.

Grenzen überwinden bezieht sich nicht nur auf die Überwindung physischer Grenzen, wie bspw. Landesgrenzen, oder persönlicher Grenzen, wie durch die Redewendung „über seinen Schatten springen" beschrieben. Grenzen sind in den meisten Fällen – wenn nicht gerade eine Mauer oder ein Grenzzaun gezogen wird – unsichtbar. „An seine Grenzen geraten" kann auch im sprachlichen Sinne verstanden werden. Wenn jemand „mit seinem Latein am Ende ist" – die Redensart erinnert nicht zufällig an genau jene Sprache, die jahrhundertelang die europäische Wissenschaftssprache schlechthin war –, weiß er oder sie oft fachlich nicht mehr weiter, nicht aber unbedingt im sprachlichen Kontext. Sind dagegen die Grenzen der Sprachkompetenz erreicht, so wird die Kommunikation zwischen Sprecher*innen verschiedener Sprachen ohne gemeinsames sprachliches Repertoire zur Herausforderung.

Ein nachhaltiges und erfolgsversprechendes Mittel zur Überwindung von Sprachgrenzen ist der Erwerb von Fremdsprachen. Im Beitrag *Die Bedeutung des Lateinischen für die Vermittlung des Französischen als Fremdsprache in der Frühen Neuzeit* befasst sich Hans Baumann mit der zentralen Rolle des Lateinischen für den Französischunterricht in Tübingen im 17. und 18. Jahrhundert. Anhand einiger Beispiele wird die Entwicklung innerhalb des Untersuchungszeitraums von der Dominanz des Lateinischen als Vermittlungssprache für den französischen Spracherwerb im 17. Jahrhundert hin zur Verdrängung des Lateinischen zugunsten des Deutschen im 18. Jahrhundert dargestellt. Der Sprachwechsel in der Fremdsprachendidaktik bedeutete einen Wegfall von Sprachgrenzen, wodurch auch Menschen ohne Lateinkenntnisse ermöglicht wurde, die französische Sprache zu erlernen.

Mit der kulturellen und soziopolitischen Aufladung sprachlicher Konzepte des Denkmalschutzes und der damit verbundenen Schwierigkeit, bei einer Übersetzung ebendieser ein adäquates Pendant in der Zielsprache zu finden, setzt sich Solène Scherer in ihrem Beitrag *Le mot (nu)ment. De la difficulté de traduire et transcrire les mots et les concepts du patrimoine* auseinander. Der Akt der Übersetzung, welcher per se die Überwindung von Sprachgrenzen darstellt, gerät seinerseits an seine Grenzen, wenn es darum geht, für derart konzeptuell und kulturell aufgeladene Begriffe wie *patrimoine, monument* oder *héritage* eine passende deutsche Übersetzung zu finden, die dieselben Konzepte repräsentiert wie in der französischen Ausgangssprache. Den Einfluss der Entwicklungen nationaler Identitäten und Institutionen des Denkmalschutzes seit dem 18. Jahrhundert auf den Gebrauch von Begriffen wie *Denkmal* und *Kulturerbe* stellt Solène Scherer in ihrem Beitrag dar.

Bei schriftlich vorliegenden Texten – seien es Romane, Gedichte oder auch Comics – kommen Übersetzer*innen ins Spiel, wenn es darum geht, *Sprachgrenzen* als Hindernis zu überwinden. Ihre Arbeit ermöglicht es den Leser*innen, ein Werk in der Sprache ihrer Wahl lesen zu können, auch wenn die Ausgangssprache des Texts eine andere ist. Ehe das Werk aber in der Zielsprache von dem anderssprachigen Publikum rezipiert werden kann, ist oft ein langer Weg zurückzulegen. Am Beispiel der Asterix-Comics und deren Übersetzungen ins Standarddeutsche bzw. Übertragungen in einen hessischen Dialekt zeigt Jasmin Berger in ihrem Beitrag *Überwindung von Sprachgrenzen in den Asterix-Comics: Übersetzungen und Übertragungen ins Standarddeutsche und Hessische* anhand einer Beispielszene, wie es Jürgen Leber gelingt, einen ursprünglich französisch geprägten Comic durch seine Übertragung für ein hessisches Publikum aufzubereiten und zugänglich zu machen.

Stoßen die Beteiligten einer Gesprächssituation an ihre sprachlichen Grenzen, so können Dolmetscher*innen bei der Überwindung von Sprach- und Kulturgrenzen behilflich sein. Natalie Bella untersucht in ihrem Beitrag *Dolmetschen als produktiver Aushandlungsraum: Performative Praktiken im strategischen Management einer ‚guten' Übersetzung?* im Kontext von Gesprächssituationen im Jobcenter unter der Beteiligung von Berater*in, Kund*in und Dolmetscher*in die Kriterien, die es für eine erfolgreiche Übersetzung zu erfüllen gilt. Anhand des Beispiels einer Übersetzungssituation werden sowohl der Einfluss der dolmetschenden Person auf den Gesprächsverlauf als auch der Umgang der übrigen Situationsbeteiligten mit dem Prozess des Dolmetschens und der damit verbundenen sprachlichen und kulturellen Grenzüberwindung aufgezeigt.

Der Sammelband geht auf eine zweisprachige Nachwuchstagung (*Journées d'études doctorales*) mit dem Titel „Sprache(n) und Grenze(n)/Sprachgrenzen: Übersetzen, Dialekt und Literatur, (literarische) Mehrsprachigkeit" / „Frontières linguistiques – langue(s) et frontière(s) : L'art de la traduction, dialecte et littérature, plurilinguisme littéraire" zurück, die am 25. und 26. Mai 2023 an der Université Toulouse – Jean Jaurès, Centre de Recherches et d'Études Germaniques (CREG),

Einleitung

stattgefunden hat. Wir möchten uns an dieser Stelle bei allen Mitwirkenden bedanken, die die Umsetzung dieser Veranstaltung und die Fortführung des Projektes bis zur Publikation ermöglicht haben. Für die finanzielle Förderung bedanken wir uns beim Centre de Recherches et d'Études Germaniques (CREG) der Université Toulouse – Jean Jaurès, der Section d'allemand der Université Toulouse – Jean Jaurès, dem Centre for Intercultural and European Studies (Cinteus) der Hochschule Fulda, dem Promotionszentrum Sozialwissenschaften – Fulda Graduate Centre of Social Sciences (FGCSS) der Hochschule Fulda, dem Département Langues Étrangères und der UFR Langues, Littératures et Civilisations étrangères der Université Toulouse – Jean Jaurès. Wertvolle inhaltliche Anregungen und organisatorische Hilfestellungen verdanken wir dem wissenschaftlichen Komitee, das sich aus Matthias Klemm (Hochschule Fulda), Jacques Lajarrige (Université Toulouse – Jean Jaurès), Hélène Leclerc (Université Toulouse – Jean Jaurès), Catherine Mazellier-Lajarrige (Université Toulouse – Jean Jaurès) und Werner Michler (Universität Salzburg) zusammensetzte. Wir freuen uns über die Möglichkeit, diesen Band in der Interdisziplinären Schriftenreihe des Centrums für interkulturelle und europäische Studien erscheinen lassen zu dürfen und bedanken uns hierfür bei Matthias Klemm, Stamatia Devetzi und Udo Dengel. Nicht zuletzt möchten wir uns herzlich bei allen Referent*innen und Beiträger*innen sowie bei den Mitarbeiter*innen des ibidem-Verlags für die gute und konstruktive Zusammenarbeit bedanken.

Fulda/Salzburg/Strasbourg/Toulouse, 2024

Die Herausgeber*innen

Teil 1:
Sprache(n) und Grenze(n) als Diskursgegenstand

Magdalena Mühlböck

„Denn der Mythos ist die höchste aller Wirklichkeiten"
Grenzüberschreitungen und polyphone Pazifikimaginationen bei Judith Schalansky

Abstract

Dieser Artikel untersucht postkoloniale und polyphone Erzählungen über ozeanische Inseln in Judith Schalanskys *Atlas der abgelegenen Inseln* und ihrer Erzählung *Tuanaki* im *Verzeichnis einiger Verluste*. Die Analyse legt einen Schwerpunkt auf das Spannungsfeld zwischen Fakt und Fiktion und geht auf die in den Erzählungen angelegte Poetologie ein. Der Aufsatz argumentiert, dass die als „paradiesisch" tradierten Inseln literarische Orte des Schrecklichen und des Verschwindens sind, was als Ausgangspunkt des Erzählens selbst inszeniert wird.

Schlagwörter: Ozeanien; Reiseliteratur; Gegenwartsliteratur; Perspektivität; Fakt und Fiktion; Inselerzählungen

Résumé

Cet article explore les récits postcoloniaux et polyphoniques de Judith Schalansky consacrés aux îles océaniques dans son ouvrage intitulé *Atlas des îles abandonnées* ainsi que dans son texte *Tuanaki*, paru dans l'*Inventaire de choses perdues*. L'analyse se concentre sur la tension entre réalité et fiction en examinant notamment le cadre poétologique au sein duquel évoluent ces récits. Il avance l'idée que ces îles souvent considérées comme « paradisiaques » servent en réalité de décors littéraires pour aborder des thèmes tels que l'horreur et la disparition, ce qui reflète la situation initiale du récit.

Mots-clés : Océanie ; littérature de voyage ; littérature contemporaine ; perspectivisme ; réalité et fiction ; récits insulaires

Der Pazifik als geografischer und Ozeanien als kultureller Raum sind seit dem *Postcolonial Turn* Gegenstände kulturwissenschaftlicher Studien, die sich mit der Konstruktion und Dekonstruktion des Mythos der *Südseeinsel* auseinandersetzen und dabei, wie Epeli Hau'ofa, die Perspektivität lokaler Gemeinschaften betonen. In der deutschsprachigen Gegenwartsliteratur beschäftigt sich u. a. Judith Schalansky mit unterschiedlichen Lebensrealitäten auf den ozeanischen Inseln und wendet sich gegen Imaginationen des Pazifiks als „leeren" oder paradiesischen Ort.

In meinem Artikel analysiere ich, wie sich die Erzählinstanzen in Schalanskys *Atlas der abgelegenen Inseln. Fünfzig Inseln, auf denen ich nie war und niemals sein werde* und der Erzählung *Tuanaki* im Band *Verzeichnis einiger Verluste* Zuschreibungen ozeanischer Inseln bedienen und sie zum Gegenstand der eigenen literarischen Erzählung machen. In meiner Untersuchung fokussiere ich mich besonders auf das Spannungsfeld zwischen Faktualität und Fiktionalität und gehe auf die in den Texten entworfene Poetologie ein.

Vom Pazifik zu Ozeanien

Reisebeschreibungen und künstlerische Darstellungen prägen den Mythos der pazifischen „Südseeinsel" als Projektionsfläche unerfüllter Wünsche. Für Bernard Smith hat der Begriff Imagination (engl. *imagination*) zwei Bedeutungen: Es handelt sich dabei um die Konstruktion eines Bildes (engl. *image*) einerseits auf Basis eines konkreten Objektes und andererseits ohne direkten Kontakt.[1] Er schreibt: „In imagining the Pacific, Europeans imagined from a reality that they had to come to terms with, not a fancy or fantasy that might eventually disappear."[2] Pazifikimaginationen beruhen demnach auf tatsächlichen Begegnungen und sind keine abstrakten Vorstellungen. Da v. a. James Cook während seiner Expeditionen wissenschaftliche Aufträge zu erfüllen hatte, sind die überlieferten Schriften „europäischer" Autor*innen, etwa jene von Georg Forster, im Spannungsfeld zwischen objektivierender Beschreibung und exotisierender Inszenierung zu lesen. Die historische Darstellung ozeanischer Personen ist als bewusste ästhetische Entscheidung zu verstehen, die in engem Bezug zu den wissenschaftlichen Ansprüchen und zur politischen Situation des Kolonialismus stehen. Smith spricht von der Konstruktion eines „arkadischen"

---

1   Vgl. Bernard Smith, *Imagining the Pacific. In the Wake of the Cook Voyages*, Carlton, Melbourne Univ. Press, 1992, S. IX.
2   Ebd.

Pazifiks, dessen „friedliche" Bewohner*innen vom „friedlichen" Reisenden Cook besucht werden. Dass es sich dabei um einen Mythos handelte, der im Kontext der Etablierung einer freien Marktwirtschaft entworfen wurde, erwähnt Smith an mehreren Stellen.[3] Die Darstellungen der paradiesischen „Südsee" und der „edlen Wilden"[4] als deren Bewohner*innen sind dabei als Geflecht zwischen Wissenschaft, Handel und Macht zu verstehen.[5]

Seit dem *Postcolonial Turn* und der Dekonstruktion eurozentrischer Perspektiven wird auch Ozeanien zunehmend als heterogener Raum wahrgenommen. Der Anthropologe Epeli Hau'ofa hat die wissenschaftliche Auseinandersetzung mit regionalen und lokalen Kulturen geprägt. Mit seinem 1994 erschienenen Aufsatz *Our Sea of Islands* revidiert er die eurozentrische Konstruktion eines „leeren" Weltmeeres. Er setzt sich für einen Perspektivenwandel ein, indem er den Pazifik weniger als Meer mit Inseln, sondern als Meer aus Inseln definiert:

> There is a world of difference between viewing the pacific as ‚islands in a far sea' and as ‚a sea of islands'. The first emphasises dry surfaces in an avast ocean far away from the centres of power. Focussing in this way stresses the smallness and remoteness of the islands. The second is a more holistic perspective in which things are seen in the totality of their relationships.[6]

Die Kulturen auf den Inseln sind nach Hau'ofa nicht mehr Objekte (neo)kolonialen Begehrens, sondern selbst Handlungsträgerinnen. Sie knüpfen eigene Netzwerke, die neben westlichen Metropolen stehen, sie aber nicht zwingend miteinschließen. Die Differenzierung in den Perspektiven schlägt sich nach Hau'ofa auch in der Namensbezeichnung nieder: Während der Begriff der pazifischen Inseln nur einen sehr kleinen Bereich umfasst, referiert der Begriff ‚Ozeanien' auf das Konzept des *sea of islands* und umfasst die Inseln mit ihren Bewohner*innen.[7]

Schalanskys *Atlas* und *Tuanaki* greifen diese Konzepte auf, indem die Erzählungen vom Festland aus entlegene Inseln thematisieren. Im Vorwort zum *Atlas* heißt es, dass es nur eine Frage des Standpunktes sei, ob eine

---

3   Vgl. ebd., S. 210–212.
4   Alexander H. Bolyanatz definiert den Stereotyp des „edlen Wilden" als „typically European sense that non-Europeans are qualitatively different from, and in many ways better than, Europeans." Vgl. Alexander H. Bolyanatz, *Pacific Romanticism. Tahiti and the European Imagination*, Westport, Praegar, 2004, S. 4.
5   Vgl. Smith, *Imagining the Pacific*, S. 188–190.
6   Epeli Hau'ofa, „Our Sea of Islands", in: Ders. (Hg.), *We Are the Ocean. Selected Works*, Honolulu, Univ. of Hawai'i Press, 2008, S. 27–40, hier S. 31.
7   Vgl. ebd., S. 32.

Insel abgelegen ist.[8] Indem von den Machtzentren aus marginalisierte Räume thematisiert werden, werden die Vorstellungen des „leeren" Ozeans mit Hau'ofas Konzept des *sea of islands* überschrieben. Ozeanien wird hervorgehoben, indem von den fünfzig Inseln des *Atlas* 27 im Pazifischen Ozean liegen. Im Vorwort wird beispielsweise die Osterinsel mit ihrem indigenen Namen *Te Pito O Te Henua*, der „Nabel der Welt", erwähnt.[9] Die eurozentrische Sicht auf dezentrale Räume wird hier zugunsten anderer Positionen ergänzt, sodass ein dichtes Geflecht aus unterschiedlichen perspektivischen Erzählungen entsteht. Diese handeln aber nicht von Paradiesen, sondern beschreiben das Schreckliche.

Ozeanische Erzählungen zwischen Fakt und Fiktion

Die Inseln im *Atlas* werden nach einer gleichen Struktur dargestellt: Auf je einer Doppelseite stehen sich empirische Daten, grafische Darstellungen und narrative Erzählung gegenüber. Während die rechte Seite eine topografische Abbildung der Insel zeigt, informieren links Grafen und Maßstäbe über die Lage und Größe der Insel sowie über historische Kontexte. Die Anführung unterschiedlicher Namen betont die Polyphonie der Inselnarrative. Der anschließende Text steht nicht zwingend im Zusammenhang mit den angeführten empirischen Daten, sondern referiert auf tradierte Erzählungen, die mit den Imaginationen der Erzählerin verwoben sind.

Die Verbindung von Fakt und Fiktion ist bereits durch die grafische Gestaltung sichtbar. Ingo Breuer beschreibt das als „Bild einer Poetizität des Insularen".[10] Im Titel bzw. Untertitel äußert sich diese Divergenz ebenso: Das erzählende Ich hat die Inseln nie bereist und hat auch nicht vor, das zu tun. Der *Atlas* als literarische Gattung ist der Geografie entlehnt und suggeriert empirische Exaktheit. Diesem Anspruch kommt der Text nur bedingt nach. Nach Monika Schmitz-Emans steht weniger die Überprüfbarkeit der angeführten Informationen im Vordergrund. Stattdessen

---

8   Vgl. Judith Schalansky, *Atlas der abgelegenen Inseln. Fünfzig Inseln, auf denen ich nie war und niemals sein werde*, Hamburg, mare, [18]2017, S. 13.
9   Vgl. ebd.
10 Ingo Breuer, „‚Kammerspiele im Nirgendwo'. Geschichte(n) in Judith Schalanskys *Atlas der abgelegenen Inseln*", in: *Zagreber Germanistische Beiträge* 21 (2012), S. 181–199, hier S. 199.

dienen die Inseln als Projektionsfläche der Fantasie.¹¹ Der Unterschied zwischen kolonialen Imaginationen und den Inselerzählungen im *Atlas* liegt darin, dass sich die Erzählerin entlang der Ambiguität der Insel als literarischem Topos bewegt und zwischen Utopie und Dystopie changiert, wie es etwa im Vorwort paradigmatisch heißt: „Das Paradies mag eine Insel sein. Die Hölle ist es auch."¹² Als Schilderungen von Orten menschlicher und natürlicher Realitäten und Katastrophen brechen die Inselerzählungen mit Narrativen der Idylle. Nach Christina Gerhardt können sie als postkoloniale Kritik gelesen werden, da sie Gewalthandlungen benennen und offen darlegen.¹³ Das Vorwort greift das auf:

> Jedoch sind es gerade die schrecklichen Begebenheiten, die das größte erzählerische Potenzial haben und für die Inseln der perfekte Handlungsort sind. Während die Absurdität der Wirklichkeit sich in der relativierenden Weite der großen Landmassen verliert, liegt sie hier offen zutage. Die Insel ist ein theatraler Raum: Alles, was hier geschieht, verdichtet sich beinahe zwangsläufig zu Geschichten, zu Kammerspielen im Nirgendwo, zum literarischen Stoff. Diesen Erzählungen ist eigen, dass Wahrheit und Dichtung nicht mehr auseinanderzuhalten sind, Realität fiktionalisiert wird.¹⁴

Die Fokussierung auf „schreckliche Begebenheiten" ist mehrfach motiviert: einerseits als Gegennarrativ zum kolonialen Inselparadies und andererseits als Ausgangspunkt von Schalanskys Poetologie. Der Vergleich der Insel mit dem Theatergenre des Kammerspiels suggeriert eine Literarizität des Insellebens, das Gilles Deleuze als imaginär und mythologisch beschreibt. Deleuze definiert die einsame Insel als Ort der Imagination, des Ursprungs oder der Neuschöpfung, da sie sich durch tektonische Kräfte in steter Bewegung befindet, (neu)entsteht und wieder verschwindet.¹⁵ Der *Atlas* und *Tuanaki* beziehen sich auf Deleuze, indem sie den Inselerzählungen Imaginäres einflechten. Die Verdichtung des Geschehens auf der Insel „zum literarischen Stoff" ist durch den geologischen Zustand der Insel gegeben. Für Deleuze ist die Insel ein Raum des Mythologischen, der

---

11 Vgl. Monika Schmitz-Emans, „Erzählte Atlanten", in: Michaela Holdenried, Alexander Honold u. Stefan Hermes (Hg.), *Reiseliteratur der Moderne und Postmoderne*, Berlin, Schmidt Verlag, 2017, S. 203–225, hier S. 207.
12 Schalansky, *Atlas*, S. 18.
13 Vgl. Christina Gerhardt, „The Atlas as Travel Writing and as Postcolonial Critique: Judith Schalansky's ‚Atlas of Remote Islands'", in: Karin Baumgartner u. Monika Shafi (Hg.), *Anxious Journeys. Twenty-First-Century Travel Writing in German*, Rochester, New York, Camden House, 2019, S. 193–206, hier S. 201.
14 Schalansky, *Atlas*, S. 19.
15 Vgl. Gilles Deleuze, *Die einsame Insel. Texte und Gespräche von 1953 bis 1974*, Frankfurt a. M., Suhrkamp, 2003, S. 10–11, 14.

ständig Neues hervorbringt.[16] Die literarischen Erzählungen verbinden das Mythologische mit eigenen Narrativen, eigenen Neuschöpfungen, um mit Deleuze zu sprechen, und mit empirischen Daten. Dieses Zusammenfließen macht es unmöglich, Fakt und Fiktion voneinander zu trennen.

Das zitierte Vorwort verbindet die poetologische Inselkonzeption mit einem intertextuellen Verweis auf Johann Wolfgang von Goethes *Dichtung und Wahrheit*. In der Autobiografie fließen historisches Material, die eigenen Erfahrungen des Autors und dichterische Fiktionen ineinander[17] – eine Strategie, der sich auch der *Atlas* und *Tuanaki* bedienen. Roland Barthes schreibt dazu in *Der Tod des Autors*:

> [E]in Text besteht aus vielfachen, mehreren Kulturen entstammenden Schreibweisen, die untereinander in einen Dialog, eine Parodie, ein Geflecht eintreten; nun gibt es aber einen Ort, an dem sich diese Vielfalt sammelt, und dieser Ort ist nicht wie bisher gesagt wurde, der Autor, sondern der Leser: Der Leser ist der Raum, in den sich sämtliche Zitate, aus denen das Schreiben besteht, einschreiben, ohne daß auch nur ein einziges verlorenginge; die Einheitlichkeit des Textes liegt nicht an seinem Ursprung, sondern an seinem Bestimmungsort, aber dieser Bestimmungsort kann nicht mehr Personal sein: Der Leser ist ein Mensch ohne Geschichte, ohne Biographie, ohne Psychologie; er ist nur *jemand*, der in einem einzigen Feld alle Spuren zusammenhält, aus denen das Geschriebene besteht.[18]

Die Rolle der Autorin, die sich im *Atlas* selbst degradiert, ist in Anbetracht der vermittelten Informationen nebensächlich. Sie bzw. die Ich-Erzählerin hat die Orte ihrer Texte nie besucht. Die Biografie Schalanskys dient in diesem Fall also nicht mehr der Authentifizierung des Textes, wie etwa bei Christoph Ransmayrs *Atlas eines ängstlichen Mannes*. Stattdessen liegt es an den Leser*innen, die verschiedenen Quellen miteinander zu versöhnen.

Christoph Schaub nennt den *Atlas* einen Text, der eine Welt schafft: durch das Genre des Altas und durch den Fokus auf Alterität.[19] Dieses „alternative world making",[20] wie es Schaub nennt, weist Parallelen zum postkolonialen Diskurs auf. Um Schaubs Argumentation mit dem poststrukturalistischen Ansatz Barthes' zu verbinden, lässt sich zusammenfassen, dass der *Atlas* durch das Zitieren bestimmter ausgewählter Quellen

---

16 Vgl. ebd., S. 17.
17 Vgl. Benedikt Jeßing, *Goethe. Eine Einführung in Werk und Deutung*, Stuttgart, Metzler, 2023, S. 336, 338.
18 Roland Barthes, „Der Tod des Autors", in: Ders.: *Das Rauschen der Sprache*, Frankfurt a. M., Suhrkamp, 2005, S. 63.
19 Vgl. Christoph Schaub, „A World of Miniatures: Judith Schalansky's *Atlas of Remote Islands*", in: Simon Ferdinand, Irene Villaescusa-Illán u. Esther Peeren (Hg.), *Other Globes*, Cham, Palgrave Macmillan, 2019, S. 249–266, hier S. 249, 252.
20 Vgl. ebd., S. 256.

eine eigene Welt schafft, die als Abbild eines geografischen Atlas die Welt verfremdet wiedergibt. Diese Verfremdung erfolgt durch den Fokus auf die abgelegene Insel, die nicht nur literarisches Sujet ist, sondern selbst zum Ursprung des Erzählens wird.

Wolfgang Struck argumentiert, dass der *Atlas* neben dem bereits erwähnten Daten- und Archivmaterial auch eigene Imaginationen einschließt und so das *Ich* zum Schöpfer wird, indem sich Schalansky als Akteurin der Inselerzählung einschreibt.[21] Dieses Argument widerspricht nicht zwingend den oben angeführten Verweisen auf Barthes, da, so möchte ich behaupten, der Text das *Ich* schafft. Das literarische *Ich* markiert die Perspektivität, aus der der *Atlas* erzählt, überschneidet sich aber nicht zwingend mit Schalanskys Biografie. Stattdessen tritt das *Ich* als ordnende Instanz auf, als eine Art Medium, das sich durch eigene Imaginationen und Erzählungen selbst einschreibt. Diese Perspektive ist dekonstruierend, aber auch eurozentrisch, da sie zwar aus einer Außenperspektive vom „Fremden" erzählt, aber gegen Formen von (neo-)kolonialer Überlegenheit eintritt. Ordnen und Schreiben sind dabei alles andere als objektive Tätigkeiten, wie das eigene Einschreiben der Erzählperspektive, des *Ichs* als Schöpfer, zeigt.

Schreckliche Inseln

Der *Atlas* kombiniert, wie oben erwähnt, das Sujet des Schrecklichen mit der geografischen Insel als Raum mit klaren äußeren Grenzen. Als „theatraler Raum" wird die Insel zum Schauplatz der Tragödie, die Gewalt in unterschiedlichen Formen interpretiert. Im Vorwort arbeitet sich die Erzählerin an den Inselimaginationen ab, die als Utopien im kulturellen Gedächtnis Europas gespeichert sind. Gabriele Dürbeck und Christoph Schaub beschreiben diese als Möglichkeit einer alternativen Geschichtserzählung, die sich im globalen und planetarischen Raum entfaltet. Der *Atlas*, so argumentieren Dürbeck und Schaub mit Verweis auf Gayatri Ch. Spivak, betont die Gegenüberstellung von Globus und Planet. Während *Globus* die Geschichte der Globalisierung und des Kapitalismus meint, betont der *Planet* Geschichten der Alterität, die neben natürlichen Prozessen auf subalterne Kulturen verweisen.[22]

---

21 Vgl. Wolfgang Struck, „Genesis, Retold: In Search of an Atlas of the Anthropocene", in: *Environmental Humanities* 5 (2014), S. 217–232, hier S. 226–227.
22 Vgl. Gabriele Dürbeck u. Christoph Schaub, „Judith Schalanskys Poetik untergegangener und abgelegener Inseln. Zu *Atlas der abgelegenen Inseln* und *Verzeichnis einiger*

Ausgehend von der Imagination der Insel als „perfekte Projektionsfläche für utopische Experimente und irdische Paradiese"[23] dekonstruiert der *Atlas* abstrakte Vorstellungen: Misslungene historische Expeditionen und enttäuschte Erwartungen stehen im Kontrast zur als erfolgreich tradierten Kolonialgeschichte und führen die Inszenierung der Historiografie vor. Ein weiterer Fokus auf Katastrophen, sowohl durch Naturereignisse als auch durch menschliches Handeln, verbindet das Schreckliche mit Zerstörung. Nach Dürbeck und Schaub bewegen sich die Erzählungen zwischen Kritik an Kolonialismus und Klimawandel, während sich gleichzeitig der *Atlas* selbst als Speichermedium inszeniert, der Geschichte durch literarische Texte transformiert. Dürbeck und Schaub zufolge verweisen diese auf eine poetische Zukunft der Inseln.[24]

Durch den Fokus auf Gewalthandlungen werden die Inseln als utopische, kohärente und homogene Räume dekonstruiert, sodass die Verflechtung zwischen literarischer Fiktion und Wiedergabe real-historischer Fakten zur postkolonialen Bewusstseinsprägung beiträgt. Im Vorwort wird das anhand der Kartografie gezeigt:

> Das Kartografieren folgt dem Entdecken, der neue Name ist eine Geburt. Die fremde Natur wird gleich doppelt besetzt und besessen, der Eroberungsakt in der Karte wiederholt. Erst wenn etwas genau verortet und vermessen wurde, ist es wirklich und wahr. So ist jede Karte das Ergebnis und die Ausübung kolonialistischer Gewalt.[25]

Im Kartografieren als koloniale Praktik wird Imagination und Faktion miteinander verbunden. Paul Carter schreibt etwa in Bezug auf Benennungsstrategien von australischen Orten durch James Cook, dass nicht Objekte mit Bedeutung gefüllt werden, sondern ihre Oberflächen von mythischem Gehalt ausgelöscht werden.[26] Ähnliches greift der *Atlas* auf und vergleicht die Erfindung eines neuen Namens mit einer Geburt, was erneut als Referenz auf Deleuze gelesen werden kann. Die *Neuschöpfung* im Dienst der Empirie bringt ein neues Bild hervor, das einerseits erfahrbar ist und andererseits Projektionen erfüllen kann. Die Wiederholung dieses Aktes in der Kartografie ist im *Atlas* der Ausgangspunkt kolonialer Gewalt. Die

---

Verluste", in: Roland Borgards, Mira Shah u. Lena Kugler (Hg.), *Die Zukunft der Inseln. Passagen zwischen Literatur und Wissenschaft*, Hannover, Wehrhahn, 2021, S. 51–67, hier S. 51–52., 55.
23 Schalansky, *Atlas*, S. 14.
24 Vgl. Dürbeck u. Schaub, „Judith Schalanskys Poetik", S. 60.
25 Schalansky, *Atlas*, S. 20.
26 Vgl. Paul Carter, *The Road to Botany Bay. An Exploration of Landscape and History*, Minneapolis, Univ. of Minnesota Press, 2010, S. 28.

Geburt im *Atlas* kann dementsprechend das Überschreiben von kolonialen Deutungshoheiten meinen, aber auch das Offenlegen jener Gewalthandlungen durch die literarische Narration des *Atlas* selbst.

Die Episoden verbinden menschliche und natürliche Handlungsräume und legen einen Fokus auf das Schreckliche. Im Folgenden möchte ich exemplarisch näher auf zwei Erzählungen im *Atlas* und auf *Tuanaki* eingehen.

Napuka

Napuka ist die erste Inselerzählung des *Atlas* aus dem pazifischen Ozean und thematisiert die Namensgebung durch Ferdinand Magellan: „Der Ozean ist vollkommen ruhig, sodass sie ihn den Stillen nennen, *Mare Pacifico*. Es ist, als hätten sich die Tore der Ewigkeit geöffnet und als steuerten sie geradewegs in diese hinein."[27] Die Namensgebung des Ozeans wird als persönliche Erfahrung von Magellan und seiner Besatzung beschrieben, die zum „offiziellen" Namen abstrahiert wird. Die Stille des Meeres wird als bedrohlich erlebt und als Bildnis der Ewigkeit visualisiert. Dieser Eindruck wird durch den Mangel an Nahrung verstärkt. Die Ewigkeit, die Gefahr des Todes, scheint nun eine reale Bedrohung zu sein. Die schrecklichen Zustände auf hoher See transformieren die Besatzung zu potentiellen Kannibalen. Die Sehnsucht nach Landgang und frischen Nahrungsmitteln wächst. Im *Atlas* heißt es:

> Als sie nach 50 Tagen endlich Land sichten, finden sie keinen Ankergrund und die auf den Inseln anlandenden Beiboote nichts, was den Hunger oder Durst zu stillen vermag. Sie nennen sie *Inseln der Enttäuschung* und setzen ihre Fahrt fort. Der Schiffsschreiber Antonio Pigafetta notiert: *Ich bin überzeugt, dass eine solche Fahrt nie wieder unternommen werden wird.*[28]

Die Inselerzählung orientiert sich an der historischen „Entdeckungsfahrt" Magellans und den katastrophalen Zuständen an Bord. Obwohl Magellan als erste Person bekannt wurde, die den Pazifik durchquert hat, wird weniger auf die „heroische" Leistung aufmerksam gemacht, sondern auf die Bedingungen, unter denen die Besatzung zu leiden hatte. Die Hoffnung auf frische Nahrungsmittel bei Sichtung einer Insel wird enttäuscht und die Fahrt fortgesetzt. Erneut wird die Namensgebung mit persönlichen Erfahrungen verbunden: Die *Inseln der Enttäuschung* referieren auf die unerfüllten Projektionen.

---

27 Schalansky, *Atlas*, S. 70.
28 Ebd.

Die Erzählung umfasst eine Episode, die nicht der kolonialen Heldenerzählung entspricht und eine alternative Historiografie fokussiert. Die Insel wird zum Symbol der enttäuschten Erwartungshaltung und zum Misslingen weiter Teile der Expedition. Die Benennung als *Inseln der Enttäuschung* spiegelt das Verhältnis zwischen Imagination und historischen Begebenheiten wider. Antonio Pigafetta, der Dokumentarist der Expedition, der als historische Person die Reise literarisch inszeniert hat, nimmt in der Episode des *Atlas* eine ambigue Rolle ein und verbindet Fakt und Fiktion. Dass sich die literarische Figur Pigafettas getäuscht hat und trotz allem weitere Expeditionen folgten, liest sich wie ein kritischer Kommentar zum Kolonialismus.

Fangataufa

Die Erzählung thematisiert den Abwurf einer französischen Wasserstoffbombe über der pazifischen Insel. Der „malerische Ort"[29] wird zum Labor weltpolitischer Großmacht, was radioaktive Verstrahlung und ein Betretungsverbot zur Folge hat. Nach dem Abwurf heißt es: „Danach ist nichts mehr da. Keine Häuser, keine Anlagen, keine Bäume, gar nichts."[30] Kaum eine andere Episode beschreibt mit ähnlicher Eindringlichkeit die Gewalt und Zerstörungskraft, die durch menschliches Handeln ausgelöst wird. Anders als in der Episode *Napuka* ist in *Fangataufa* die Insel reich an Ressourcen und wird durch einen bewussten Eingriff zerstört. Die Episode ist zudem ein Beispiel für die Repräsentationen der Prozesse des Anthropozäns, wie Struck schreibt.[31] Der geologische Eingriff verändert nicht nur die Insel, sondern den Planeten als Gesamtheit. *Fangataufa* steht hier stellvertretend für diese Prozesse. Über die menschliche Handlungsmacht heißt es im Vorwort im Zusammenhang mit *Fangataufa*:

> An den Rändern der endlosen Erdkugel lockt kein unberührter Garten Eden. Stattdessen werden die weit gereisten Menschen hier zu den Monstern, die sie in mühevoller Entdeckungsarbeit von den Karten verdrängt haben.[32]

Dieses Zitat stellt eine Verbindung zwischen Geschichte und Fiktion dar: Der tatsächlichen Testung von Wasserstoffbomben stellt die Ich-Erzählerin ein mythologisches Narrativ gegenüber: Das Monster der alten Weltkarten wird zum real erlebbaren Monster des Anthropozäns, das

---

29 Ebd., S. 80.
30 Ebd.
31 Vgl. Struck, „Genesis, Retold", S. 229.
32 Schalansky, *Atlas*, S. 19.

gewaltvoll zerstört. Gleichzeitig werden die vermeintlichen Ränder der Welt zum Zentrum der Aufmerksamkeit des *Atlas*.

Tuanaki

Eine besondere Form des Schrecklichen ist das Verschwinden, wie der Erzählband *Verzeichnis einiger Verluste* zeigt. Die Erzählung *Tuanaki* thematisiert eine untergegangene Insel im pazifischen Ozean, über welche die Ich-Erzählerin forscht. Obwohl sich die Erzählung strukturell von jenen des *Atlas* unterscheidet, bewegt sie sich im Spannungsfeld zwischen Fakt und Fiktion:

> Ich musste an die Kräfte des Erdinneren denken. […]. Inseln tauchen auf und gehen unter; ihre Lebensspanne ist kürzer als die der festen Länder, es sind vorübergehende Phänomene […]. […] Und es war die Gewalt eines Seebebens, die Tuanaki eines Tages in die Tiefe riss und unter den Wassermassen des Pazifischen Ozeans begrub […]. Beinahe lautlos muss sich der graue Schatten einer riesigen Woge vom Horizont genähert und alles mit einem einzigen Wellenschlag verschlungen haben. Und tags drauf, bildete ich mir ein, treiben an der Stelle, wo sich die Insel befunden hatte, nichts als tote Bäume auf dem spiegelglatten Meer.[33]

Die Ich-Erzählerin lässt Tuanaki in der literarischen Erzählung wiederauferstehen: Die Erzählfigur wird durch einen alten Globus in der Berliner Staatsbibliothek auf die Insel aufmerksam, die sie sich „der Einfachheit halber wie ein Paradies vorstellte".[34] Sie forscht über den Verbleib der Insel und verbindet empirische Daten mit ihren eigenen Zuschreibungen, mit literarischen Imaginationen. Die Unzuverlässigkeit der Erzählstimme äußert sich, indem sie Tuanaki der Nachbarinsel Mangaia gleichsetzt – ein Irrtum, der sich erst gegen Ende der Erzählung auflöst. Nach Dürbeck und Schaub taucht das Motiv des Verschwindens und Zerstörens aus dem *Atlas* im *Verzeichnis* bzw. in *Tuanaki* wieder auf: Dieses Verschwinden entzündet die poetische Kraft, schafft neue Orte und erzählt Leerstellen.[35]

Auch in *Tuanaki* fließen Fakt und Fiktion ineinander und überschneiden sich: Die Existenz und der Untergang der Insel sind historisch belegt, was die Ich-Erzählerin auch anhand alter Weltkarten veranschaulicht. Neben diesen gesicherten Informationen gibt es keine Auskünfte über das „Inselleben". Diese Leerstelle füllt die Ich-Erzählerin mit Imaginationen der Insel als Paradies und greift so den Mythos der idyllischen Südseeinsel

---

33 Judith Schalansky: „Tuanaki", in: Dies. (Hg.): *Verzeichnis einiger Verluste*, Berlin, Suhrkamp, ²2018, S. 42–43.
34 Ebd., S. 31.
35 Vgl. Dürbeck u. Schaub, „Judith Schalanskys Poetik", S. 65–67.

auf, der im Zuge der sog. „Entdeckungsfahrten" entstanden ist. Die Ich-Erzählerin reflektiert dabei über James Cook, der in der Erzählung als „alte[r] Despot"[36] auftritt und die Handlungsmacht lokaler Gemeinschaften missachtet. Die Ich-Erzählerin versucht die Szene der Begegnung zwischen Cooks Besatzung und den Menschen auf der Insel Mangaia zu rekonstruieren, gibt das aber auf:

> Was sie [die Personen auf Mangaia, M.M.] aber dachten? Wer war ich, das zu entscheiden? [...] Und sie dachten, was sie dachten, und sie sahen, was sie sahen, und sie hatten recht.[37]

Die Ich-Erzählerin erkennt die Perspektivität der lokalen Bevölkerung an, aber erhebt nicht den Anspruch, diese zu deuten. Sie lässt die Leerstelle bewusst leer und regt zur postkolonialen Reflexion an. Die unterschiedlichen Erzählebenen – gesicherte Informationen, Imaginationen und postkoloniale Kritik – bewegen sich wie tektonische Platten und lassen eine neue Erzählung entstehen – oder, um erneut mit Deleuze zu sprechen, schöpfen die Insel im Mythos neu.[38]

Resümee: Ein Meer schrecklicher und verschwundener Inseln?

Sowohl in den Episoden des *Atlas* als auch in der Erzählung *Tuanaki* herrscht ein Spannungsfeld zwischen Fakt und Fiktion, das in Bezug auf die Reiseliteratur nicht auf Authentizität der Erfahrung der Autorin beruht, da diese die Orte, von denen sie erzählt, selbst nicht bereist hat. Im „Tod der Autorin" entsteht ein dichtes poetisches Geflecht aus Dokumentationsmaterial, tradierten Erzählungen und Imaginationen.

In diesem Schreibprozess werden das Schreckliche und das Verlorene thematisiert, das im Kontrast zu kolonialer Projektion der Pazifikinseln steht. Diese postkoloniale Kritik referiert auf Hau'ofas Konzept des *sea of islands*: Über Ozeanien zu sprechen heißt, den eigenen Standpunkt zu hinterfragen und unterschiedliche Bedeutungsebenen anzunehmen. Diese schieben sich bei Schalansky wie tektonische Platten übereinander und lassen eine literarische Erzählung entstehen. In *Tuanaki* heißt es: „Denn der Mythos ist die höchste aller Wirklichkeiten und, so dachte ich für einen Moment, die Bibliothek der wahre Schauplatz des Weltgeschehens."[39]

---

36 Schalansky, „Tuanaki", S. 34.
37 Ebd., S. 37.
38 Deleuze, *Die einsame Insel*, S. 16–17.
39 Schalansky, „Tuanaki", S. 44.

Literaturangaben

Barthes, Roland, „Der Tod des Autors", in: Ders., *Das Rauschen der Sprache*, Frankfurt a.M., Suhrkamp, 2005, S. 57–63.

Bolyanatz, Alexander H., *Pacific Romanticism. Tahiti and the European Imagination*, Westport, Praegar, 2004.

Breuer, Ingo, „‚Kammerspiele im Nirgendwo'. Geschichte(n) in Judith Schalanskys *Atlas der abgelegenen Inseln*", in: *Zagreber Germanistische Beiträge* 21 (2012), S. 181–199.

Carter, Paul, *The Road to Botany Bay. An Exploration of Landscape and History*, Minneapolis, Univ. of Minnesota Press, 2010.

Deleuze, Gilles, *Die einsame Insel. Texte und Gespräche von 1953 bis 1974*, Frankfurt a. M., Suhrkamp, 2003.

Dürbeck, Gabriele u. Christoph Schaub, „Judith Schalanskys Poetik untergegangener und abgelegener Inseln. Zu *Atlas der abgelegenen Inseln* und *Verzeichnis einiger Verluste*", in: Roland Borgards, Mira Shahu, Lena Kugler (Hg.), *Die Zukunft der Inseln. Passagen zwischen Literatur und Wissenschaft*, Hannover, Wehrhahn, 2021, S. 51–67.

Gerhardt, Christina, „The Atlas as Travel Writing and as Postcolonial Critique: Judith Schalansky's ‚Atlas of Remote Islands'", in: Karin Baumgartner u. Monika Shafi (Hg.), *Anxious Journeys. Twenty-First-Century Travel Writing in German*, Rochester, New York, Camden House, 2019, S. 193–206.

Hau'ofa, Epeli, „Our Sea of Islands", in: Ders. (Hg.), *We Are the Ocean. Selected Works*, Honolulu, Univ. of Hawai'i Press, 2008, S. 27–40.

Jeßing, Benedikt, *Goethe. Eine Einführung in Werk und Deutung*, Stuttgart, Metzler, 2023.

Schalansky, Judith, *Atlas der abgelegenen Inseln. Fünfzig Inseln, auf denen ich nie war und niemals sein werde*, Hamburg, mare, [18]2017.

Schalansky, Judith, „Tuanaki", in: Dies. (Hg.), *Verzeichnis einiger Verluste*, Berlin, Suhrkamp, [2]2018, S. 29–44.

Schaub, Christoph, „A World of Miniatures: Judith Schalansky's *Atlas of Remote Islands*", in: Simon Ferdinand, Irene Villaescusa-Illán u. Esther Peeren (Hg.), *Other Globes*, Cham, Palgrave Macmillan, 2019, S. 249–266.

Schmitz-Emans, Monika, „Erzählte Atlanten", in: Michaela Holdenried, Alexander Honold u. Stefan Hermes (Hg.), *Reiseliteratur der Moderne und Postmoderne*, Berlin, Schmidt Verlag, 2017, S. 203–225.

Smith, Bernard, *Imagining the Pacific. In the Wake of the Cook Voyages*, Carlton, Melbourne Univ. Press, 1992.

Struck, Wolfgang, „Genesis, Retold: In Search of an Atlas of the Anthropocene", in: *Environmental Humanities* 5 (2014), S. 217–232.

Gabriel Labrie

Quand frontière linguistique devient espace identitaire : Parcours conceptuel de la trajectoire migratoire à la lumière du roman *Mrs Haroy ou la mémoire de la baleine* de Jean Portante

Résumé

Le roman à caractère autobiographique *Mrs Haroy ou la mémoire de la baleine* (1993) est l'œuvre la plus connue de Jean Portante, auteur, traducteur, dramaturge et poète luxembourgeois d'origine italienne. Dans le contexte littéraire du Luxembourg, ce roman est l'expression d'une nouvelle hybridité au sein d'une identité liminaire relevant déjà de l'hybride, dans la mesure où l'identité culturelle et littéraire luxembourgeoise s'est construite au confluent de la francophonie et du monde germanophone. Avec pour point de départ la figure de la baleine – un mammifère n'étant pas complètement à sa place sous l'eau à cause de ses poumons, sans pour autant que son corps marin ne lui donne d'échappatoire terrestre – nous proposons une mise en perspective du premier roman de Portante allant de la *Mischkultur* franco-allemande à la *littérature migrante* et à la *Migrantenliteratur* en passant par des concepts liés comme la *littérature de la migrance* et la *Migrationsliteratur*. Ce parcours conceptuel, marqué par un regard croisé entre pluralités littéraires des espaces tant francophone que germanophone, jette une lumière nouvelle sur la recherche identitaire du protagoniste d'origine italienne.

Mots-clés : identité ; hybridité ; littérature migrante ; littérature de la migrance ; Jean Portante ; Luxembourg

Abstract

Der autobiografisch geprägte Roman *Mrs Haroy ou la mémoire de la baleine* (1993; ins Deutsche übertragen von Ute Lipka unter dem Titel *Erinnerungen eines Wals*, 2006) ist das bekannteste Werk des luxemburgischen Autors, Übersetzers, Dramaturgen und Dichters italienischer

Abstammung Jean Portante. Im literarischen Kontext Luxemburgs erweist sich der Roman als Ausdruck einer neuen Hybridität innerhalb einer liminalen Identität, die bereits zum Hybriden gehört, insofern als die kulturelle und literarische Identität Luxemburgs sich am Zusammenfluss des französischsprachigen und des deutschsprachigen Raums bildete. Ausgehend von der Walfigur als Säugetier, das sich ob seiner Lunge unter Wasser nicht ganz wohlfühlt, ohne dass ihm jedoch sein Meereskörper die Flucht an Land ermöglichen würde, gibt der Beitrag einen perspektivischen Ausblick von der deutsch-französischen *Mischkultur* über die *littérature migrante* bis hin zur *Migrantenliteratur* – mit Abstechern zu verwandten Begriffen wie der *littérature de la migrance* und *Migrationsliteratur*. Die daraus resultierende konzeptuelle Reise speist sich aus der literarischen Vielfalt sowohl des französischen als auch des deutschen Sprachraums und beleuchtet die Identitätssuche des italienischstämmigen Protagonisten neu.

Schlagwörter: Identität; Hybridität; Migrantenliteratur; Migrationsliteratur; Jean Portante; Luxemburg

Jean Portante (1950 –) est un auteur, traducteur, dramaturge et poète luxembourgeois d'origine italienne. Son œuvre-phare est *Mrs Haroy ou la mémoire de la baleine* (1993),[1] un roman à caractère autobiographique grâce auquel l'écrivain a participé à « la renaissance de la littérature d'expression française au Luxembourg ».[2] Dans ce récit des tribulations de trois générations d'une famille des Abruzzes entre le Luxembourg et l'Italie, le narrateur, Claude Nardelli, alias Claudio, raconte la trajectoire migratoire de ses grands-parents et de ses parents et cherche à définir son identité par rapport à ses origines. Au plan narratif où s'entremêlent mémoire et chronologie s'ajoute une figure devenue emblématique de Portante : la baleine.

Dans le contexte luxembourgeois, cette œuvre est l'expression d'une nouvelle hybridité au sein d'une identité liminaire relevant déjà de l'hybride,[3] 'l'identité luxembourgeoise' s'étant construite au confluent des

---

1 Jean Portante, *Mrs Haroy ou la mémoire de la baleine : chronique d'une immigration*, Echternach, Éditions Phi, 1993.
2 Georges Hausemer, *À propos... de la littérature au Luxembourg*, Luxembourg, Le Gouvernement du Grand-Duché de Luxembourg, 2019, p. 7.
3 Cf. Fabienne Gilbertz, « (Literarische) Grenzgänge. Hybridität und Liminalität in der Literatur Luxemburgs », in : Jenny Bauer, Claudia Gremler et Niels Penke (éd.), *Heimat –*

espaces francophone et germanophone. Après un bref résumé du roman, nous proposons un parcours conceptuel avec pour point de départ la *Mischkultur* ('mixité culturelle') franco-allemande[4] et s'étendant de la *littérature migrante*[5] à la *Migrantenliteratur*,[6] en passant par des concepts comme la *littérature de la migrance*[7] et la *Migrationsliteratur*.[8] Avec un regard croisé entre la réalité plurielle des littératures francophone et germanophone, nous argumentons que la recherche identitaire du protagoniste gagne à être mise en lumière à travers le prisme des hybridités de la littérature, le roman *Mrs Haroy ou la mémoire de la baleine* se présentant comme un récit *sur* l'écriture de soi.

Résumé du roman

Le roman *Mrs Haroy ou la mémoire de la baleine* porte sur une famille originaire des Abruzzes, les Nardelli, dont le benjamin, Claude/Claudio, est le narrateur principal. Né à Differdange au Luxembourg en 1950, il connaît enfant un ‚retour' à la terre ancestrale italienne, puis un deuxième retour plus tard, cette fois à Differdange. C'est un Claude adulte, écrivain et ne résidant plus au Luxembourg qui revient sur des moments de son enfance jusqu'à sa première communion.

Le roman s'avère être le récit d'un récit où s'observe petit à petit l'écriture d'un soi en quête d'identité. Dans des passages où il est alors un narrateur hétérodiégétique, Claude se penche aussi sur le vécu des deux générations précédentes. Comme le titre le laisse présager, la mémoire occupe une place prépondérante dans le livre. Avant tout comme procédé de formation narrative, il s'agit, dans les mots de Glesener, d'une *écriture mémorielle* : « la structure du récit reflète en fait les sauts arbitraires et

---

Räume. Komparatistische Perspektiven auf Herkunftsnarrative, Berlin, Ch. A. Bachmann, 2014, p. 45–55.
4   Cf. Batty Weber, « Über Mischkultur in Luxemburg », in : *Beilage der Münchner Neuesten Nachrichten* 15, 20 janvier 1909, p. 121–124.
5   Cf. Daniel Chartier, « Les origines de l'écriture migrante : l'immigration littéraire au Québec au cours des deux derniers siècles », in : *Voix et Images* 27/2 (2006), p. 303–316.
6   Cf. Christian Steltz, « Migrantenliteratur », in : Heribert Tommek, Matteo Galli et Achim Geisenhanslüke (éd.), *Wendejahr 1995. Transformationen der deutschsprachigen Literatur*, Berlin, De Gruyter, 2015, p. 156–172.
7   Cf. Ursula Mathis-Moser et Birgit Mertz-Baumgartner, « Littérature migrante ou littérature de la migrance ? À propos d'une terminologie controversée », in : *Diogène* 246/247/2 (2014), p. 46–61.
8   Cf. Heidi Rösch, *Migrationsliteratur im interkulturellen Kontext. Eine didaktische Studie zur Literatur von Aras Ören, Aysel Özakin, Franco Biondi und Rafik Schami*, Frankfurt a. M., Verlag für Interkulturelle Kommunikation, 1992.

abrupts de la mémoire, ses vicissitudes et son fonctionnement par association ».[9] Un tel saut associatif s'opère lorsque le narrateur se rappelle une leçon de biologie où son instituteur parlait des baleines. La ‚scène fondatrice' qui en résulte permet de saisir la place que l''écriture de soi' occupe dans le récit narré par le protagoniste.

Scène fondatrice

En décrivant les tribulations de sa famille, Claude introduit une métaphore qui enclenche une suite de réflexions allant de ses ancêtres à l' « histoire tragique » des cétacés et passant par la mention d'une baleine morte surnommée Mrs Haroy, laquelle fit une tournée européenne dans les années 1950 :

> Une fois jetés dans cette mer, ils sont devenus victimes du flux et du reflux de ses vagues, comme n'importe quel poisson.
>
> Un peu comme Mrs Haroy, me dis-je à présent, parce qu'à l'école, pendant l'heure de biologie, l'instituteur Schmietz nous a raconté que les baleines ont une histoire tragique. Avant de rejoindre la mer, elles évoluaient sur terre, comme les dinosaures ou comme n'importe quel autre mammifère. [...] Mais comme les dinosaures, elles étaient trop lourdes, et ne pouvaient plus vivre dans leur environnement naturel sous peine d'étouffer sous leur poids. A alors commencé leur exode vers la mer de la grande promesse. Ces derniers mots, c'est moi qui les ai rajoutés, parce que l'histoire que nous a racontée notre instituteur m'intéressait comme aucune autre. [...] [L']origine de Mrs Haroy tout comme celle de Moïse ressemblait drôlement à ma propre histoire familiale. [...] [L]'instituteur a continué en disant que, malheureusement, en entrant dans la mer, les baleines étaient restées des mammifères et étaient donc condamnées à respirer comme nous, les humains, ce qui n'était pas très confortable au milieu des océans dans lesquels elles ne se sentaient pas comme des poissons dans l'eau. En même temps, leurs quatre pattes avaient fini par se transformer en nageoires, ce qui les empêchait de retourner vivre sur la terre ferme. N'étant donc chez elles ni dans la mer, ni sur terre, les baleines vivaient, selon les dire de notre instituteur, une vie tragique.[10]

L'image de ses ancêtres portés dans leurs migrations comme dans le « flux et [le] reflux » d'une mer dans laquelle ils se seraient jetés évoque chez Claude l'univers marin et l'amène à aborder le sort des cétacés. Lui revient alors à l'esprit la leçon où il a entendu parler de la particularité des baleines : en tant que mammifères marins, leur corps s'est certes adapté au

---

9 Jeanne E. Glesener, « La Trace de l'origine : poétique de l'*effaçonnement* et écriture mémorielle chez Jean Portante », in : *Nouvelles Études Francophones* 27/1 (2012), p. 43.
10 Jean Portante, *Mrs Haroy ou la mémoire de la baleine*, Differdange, Éditions Phi, 2008 [1993], p. 146–147.

milieu aquatique, mais elles ont conservé leurs poumons et sont donc forcées de remonter à la surface pour respirer. Le caractère marquant de cette explication s'observe dans la mention explicite d'un ajout narratif : « Ces derniers mots, c'est moi qui les ai rajoutés, parce que l'histoire [...] m'intéressait comme aucune autre ». L'hybridité n'est pas idéalisée ; elle relève plutôt de l'inévitable.

Ce parallèle est élaboré au fil du récit, devenant une « véritable baleinologie » pour citer Ismaïl Kadaré dans sa préface à la seconde édition du roman.[11] Portante désigne la figure identificatrice de la baleine sous le terme allemand de *Wal*verwandschaft – une *parenté baleinière* faisant allusion aux *affinités électives* (all. *Wahlverwandschaften*). Le motif baleinier incarne ultimement « l'individu qui, dépossédé de ses amarres identitaires, est destiné (ou condamné) à perpétuité à flotter entre ses points de repère démultipliés ».[12]

C'est souvent à travers le prisme de l'identification au tragique cétacé que Claude/Claudio se construit une identité hybride. Adulte, il narre la recherche de ce Moi entre l'Italie et le Luxembourg, traçant des parallèles avec d'autres membres de sa famille pour qui le besoin d'une place des deux côtés des Alpes – frontière fréquemment mentionnée – est également marqué d'une négociation de leurs identités multiples. En nous attardant ici sur le narrateur et protagoniste du roman, nous abordons la place d'une telle hybridité dans une œuvre-phare de la littérature luxembourgeoise tout en nous penchant sur le récit enchâssé dans le roman. La frontière s'y révèle être un espace liminaire investi de façon explicitement littéraire. Avant de passer à des concepts provenant tant des espaces germanophone que francophone et rattachant littérature et migration, positionnons le Luxembourg dans le cadre franco-allemand.

Mischkultur luxembourgeoise

Comparativement à d'autres contextes de production littéraire, le Luxembourg fournit une tradition intellectuelle propice à aborder la construction identitaire en raison de la longue histoire conceptuelle intrinsèque à son emplacement au croisement du monde germanophone et francophone. Un exemple d'investissement de cette frontière culturelle est la notion de *Mischkultur*. Le journaliste et intellectuel luxembourgeois Batty Weber

---

11 Ismaïl Kadaré, « Préface », in : Jean Portante, *La mémoire de la baleine*, Bordeaux, Le Castor Astral, 1999 [1993], p. XII.
12 Glesener, « Trace de l'origine », p. 40.

publie en 1909 un texte intitulé « Über Mischkultur in Luxemburg » en réaction à un article critiquant le plurilinguisme comme gage de pauvreté intellectuelle, culturelle et littéraire.

Sa réponse est une célébration de la mixité équilibrée des influences à l'œuvre au Grand-Duché et est un plaidoyer qui n'a pas perdu de son actualité.[13] La culture du Luxembourg ne peut, selon Weber, se résumer à la simple somme de celle des deux grands pays voisins et consiste plutôt en une construction consciente et flexible favorisant un épanouissement : « Mir ist wohl in meiner zusammengeflickten Kulturhaut ».[14] Malgré l'absence de définition claire, il s'agit d'un concept novateur pour l'époque « parce qu'il s'oppose aux idées d'un enracinement culturel, d'une pureté culturelle et linguistique et d'une délimitation par rapport à l'étranger, idées qui dominaient les discours nationaux à l'époque ».[15]

La *Mischkultur* s'inscrit dans une période riche en jalons conceptuels incontournables pour saisir l'histoire de la construction identitaire luxembourgeoise.[16] Même si le Luxembourg à la défense duquel il se portait a bien changé en plus d'un siècle, la *Mischkultur*, qui n'est d'ailleurs pas une création de Weber,[17] a participé à forger une identité luxembourgeoise propre. L'ancrage à la frontière culturelle qu'est le Grand-Duché apporte une dimension liminaire pour ainsi dire avant la lettre – tout particulièrement sur le plan littéraire.[18]

Sans viser ici à définir la littérature luxembourgeoise,[19] soulignons qu'au français et à l'allemand, langues historiquement établies dans la

---

13 Anne-Marie Millim, « Muttersprachliche Mehrsprachigkeit. Batty Weber (1860–1940) und die Mischkultur in Luxemburg », in : Heinz Sieburg, Jeanne E. Glesener et Nathalie Roelens (éd.), *Das Paradigma der Interkulturalität*, Bielefeld, Transcript Verlag, 2017, p. 85–104, p. 86 ; v. aussi : Pit Péporté, Sonja Kmec, Benoît Majerus et Michel Margue (éd.), *Inventing Luxembourg*, Leiden/Boston, Brill, 2010, p. 261.
14 Weber, « Mischkultur », p. 123.
15 « [...] wëll et sech géint d'Iddiën vun enger kultureller Verwuerzelung, enger sproochkultureller Rengheet an enger Ofgrenzung vum Frieme went, déi an den deemolege nationalideologeschen Diskurser dominéiert hunn », nous traduisons : Jeanne E. Glesener, « Nation-building, Nation Branding an Tendenzwenden an der Literatur », in : *Kulturgeschicht vu Lëtzebuerg*, https://www.kulturgeschicht.lu/taxonomy/term/69#34 (2021) ; v. aussi : Anne-Marie Millim, « Batty Weber – Werk und Wirkung. Einleitung », in : Anne-Marie Millim (éd.), *Batty Weber – Werk und Wirkung*, Mersch, Centre national de littérature, ²2023, p. 11, 14–15.
16 V. aussi le 'dualisme linguistique', cf. Nicolas Ries, *Le peuple luxembourgeois : essai de psychologie*, Diekirch, Schroell, 1911.
17 Millim, « Muttersprachliche Mehrsprachigkeit », p. 87.
18 Cf. Gilbertz, « (Literarische) Grenzgänge ».
19 Cf. Jeanne E. Glesener, « On Small Literatures and Their Location in World Literature: A Case Study on Luxembourgish Literature », in : *Interlitteraria* 17 (2012), p. 75–92.

production littéraire du pays, s'ajoute aussi le luxembourgeois (et dans une moindre mesure l'anglais). Idiome francique-mosellan longtemps considéré comme un dialecte allemand, le luxembourgeois a connu une valorisation l'élevant au statut de langue.[20] Bien que cela soit le fruit d'un processus avant tout politique, la littérature en luxembourgeois a contribué à en faire une langue à part entière.[21] Ce n'est cependant pas tant la diversification des choix linguistiques au sein des pratiques littéraires, mais plutôt l'établissement de la question migratoire qui a eu raison de la dualité culturelle ayant longtemps fait foi :

> Letztlich bedingte die Migrationsthematik einen entscheidenden Wandel im kulturellen Diskurs, da das französisch-deutsche Paradigma der Mischkultur die anhaltende Internationalisierung der Kultur nicht mehr abdecken konnte.[22]

Cette thématique invite à regarder le roman de Portante à travers des concepts ralliant littérature et migration. Dans l'esprit franco-allemand du présent volume, nous proposons de recourir pour ce bref parcours conceptuel à des notions développées tant dans la francophonie que dans le monde germanophone.

De la biographie de l'auteur...

Comme nous l'avons vu à la lumière de l'exemple de la *Mischkultur*, le champ littéraire luxembourgeois possède un caractère indéniablement hybride. Cela revêt une importance particulière lorsqu'il s'agit de se pencher sur une œuvre comme *Mrs Haroy ou la mémoire de la baleine* à travers le prisme de la thématique migratoire,[23] dans la mesure où « c'est par rapport à la littérature nationale que la littérature migrante essaie de se positionner ».[24] Également connue sous le nom *d'écriture migrante*,[25] la *littérature migrante* est un concept qui, au sein de la francophonie, a vu le jour dans

---

20 Cf. Fernand Fehlen, « Der ungeplante Ausbau des Luxemburgischen im Spannungsfeld von Germania und Romania », in : *Entstehung von Sprachen* 45 (2015), p. 65–80.
21 Cf. Hausemer, *À propos*.
22 Jeanne E. Glesener, « Komparatistische Ansätze für eine interkulturelle Literaturgeschichte Luxemburgs », in : Heinz Sieburg, Jeanne E. Glesener et Nathalie Roelens (éd.), *Das Paradigma der Interkulturalität*, Bielefeld, transcript, 2017, p. 41–68, p. 61.
23 La première édition du roman, parue en 1993, porte le sous-titre *Chronique d'une immigration*. Celui-ci n'est pas retenu par les éditions ultérieures, marquées par un passage à un titre plus court en 1999 (*La mémoire de la baleine*), puis un retour au titre original *Mrs Haroy ou la mémoire de la baleine* en 2008. Le sous-titre initial est repris dans la traduction allemande de Ute Lipka : Jean Portante, *Erinnerungen eines Wals. Chronik einer Immigration*, Blieskastel, Gollenstein-Verlag, 2007.
24 Glesener, « Trace de l'origine », p. 35.
25 Cf. Robert Berrouët-Oriol, « L'effet d'exil », in : *Vice versa* 17 (1986/1987), p. 20–21.

le Québec des années 1980. S'inscrivant dans le postmodernisme, elle « remet en question l'unicité des référents culturels et identitaires [et] [...] constitue un courant d'hybridité culturelle ».[26]

Son importance croissante va de pair avec une considération de la place de communautés issues de l'immigration et du besoin de refléter dans la littérature, le plus souvent avec un certain décalage temporel, des changements démographiques. Soulignons que « la *littérature migrante* [...] focalise l'attention moins sur la constitution ou la *Befindlichkeit* du système littéraire en tant que tel [...], que sur celle du sujet migrant qui produit dans un entre-deux culturel ».[27] Selon cette définition, c'est le vécu de la personne à l'origine d'une œuvre qui détermine si une pratique littéraire relève de *l'écriture migrante*. Le roman abordé ici apparaît ainsi en être un exemple quelque peu inhabituel, car son auteur est né à Differdange, mais il a passé son enfance entre le Luxembourg et l'Italie.

La notion de *Migrantenliteratur*[28] est aussi digne de mention, tout comme d'autres concepts connexes incluant la *Gastarbeiterliteratur*,[29] tous deux parmi les termes désignant la « (deutschsprachige) Literatur von Autorinnen und Autoren mit Migrationshintergrund ».[30] Malgré le fait que Portante ne corresponde aucunement au profil de *Gastarbeiter*, la vie de plusieurs personnages de son roman-phare rappelle des thèmes typiques de la *Gastarbeiterliteratur*, laquelle nous apparaît particulièrement bien développée dans l'espace germanophone. Pour en revenir à la biographie de Portante, lui-même voit dans sa trajectoire migratoire – et dans le bagage linguistique en résultant – un rôle essentiel pour son expression littéraire, affirmant à ce sujet : « Ma langue littéraire est apparue dès que je suis parti à la recherche de mes origines, de la langue italienne qui parle en moi ».[31]

---

26 Chartier, « Les origines », p. 304 ; cf. Sherry Simon, *Hybridité culturelle*, Montréal, L'Île de la Tortue, 1999, p. 46.
27 Mathis-Moser/Mertz-Baumgartner, « Terminologie controversée », p. 50.
28 Cf. Heimke Schierloh (éd.), *Das alles für ein Stück Brot. Migrantenliteratur als Objektivierung des ‚Gastarbeiterdaseins'*, Frankfurt a. M., Peter Lang, 1984.
29 Franco Biondi et Rafik Schami, « Literatur der Betroffenheit. Bemerkungen zur Gastarbeiterliteratur », in : Christian Schaffernicht (éd.), *Zu Hause in der Fremde*, Fischerhude, Atelier im Bauernhaus, 1981, p. 124–136.
30 Heidi Rösch, « Migrationsliteratur », in : Christiane Lütge, *Grundthemen der Literaturwissenschaft*, Berlin/Boston, De Gruyter, 2019, p. 338–356, p. 338.
31 « Vun deem Moment un, wou ech d'Origine siche gaange sinn, dat heescht, déi italienesch Sprooch, déi a mer schwätzt [...] ass meng Schrëftsprooch entstanen [...] », nous traduisons : Jean Portante, *Le Travail de l'Origine*, Radio 100,7, 30 août 2022.

La question migratoire n'a réellement commencé à se faire une place dans la littérature luxembourgeoise qu'avec *Mrs Haroy ou la mémoire de la baleine*, qui a donné une voix à des générations de personnes issues de l'immigration italienne au Grand-Duché.[32]

... à la réalité littéraire migratoire

Il existe un concept connexe à la *littérature migrante* qui permet selon nous de mieux saisir la quête identitaire du protagoniste du roman. Bien que nombre de parallèles puissent être tracés entre Claude Nardelli et Jean Portante, la réalité littéraire du récit demeure en effet indépendante du vécu de son auteur : « Portante traite son identité dans la catégorie ricœurienne de l'*ipse*, de la ressemblance, plutôt que de l'identique, ce qui permet de lire ce roman comme une autofiction ».[33] Pour cette raison, le concept de *littérature de migrance* semble plus apte à cerner les procédés littéraires à l'œuvre dans le roman, car ce terme vise « un remplacement du regard sur le producteur (la biographie de l'écrivain et les thèmes littéraires qui peuvent en résulter) par un regard sur le produit (le texte littéraire même) ».[34]

Notons par ailleurs que Mathis-Moser et Mertz-Baumgartner se réfèrent pour ce faire à un dossier spécial de la revue *Nouvelles Études Francophones* intitulé « Littérature de la Migrance » – dont une des contributions porte justement sur l'œuvre de Jean-Portante.[35] Pour reprendre les termes des éditrices du numéro spécial en question, il s'agit là d'un concept qui met l'accent sur « l'œuvre en elle-même et sa capacité à faire parler le mouvement, le va-et-vient, l'interstice, en somme la migration ».[36]

---

32 Joseph Boggiani, « Immigration italienne et littérature luxembourgeoise : vérité et fiction dans le roman de Jean Portante, *Mrs Haroy ou la mémoire de la baleine* », in : *Babel* 11 (2004), p. 18.
33 « Portante rozgrywa swoją tożsamość w Ricœurowskiej kategorii *ipse*, podobieństwa, a nie bycia identycznym, co daje możliwość odczytania tej powieści jako autofikcji », nous traduisons : Jerzy Lis, « Między prowizorycznym a ostatecznym. O losach emigracji w powieści Jeana Portante'a *Pamięć wieloryba* », in : Mirosław Loba et al. (éd.), „*Literatury mniejsze" Europy romańskiej*, Poznań, Wydawnictwo Naukowe UAM, 2015, p. 47–58, p. 56 ; cf. Paul Ricœur, *Soi-même comme un autre*, Paris, Seuil, 1990 ; v. aussi Boggiani, « Immigration italienne ».
34 Mathis-Moser/Mertz-Baumgartner, « Terminologie controversée », p. 55.
35 Cf. Glesener, « Trace de l'origine » ; v. aussi : Marianne Bessy et Catherine Khordoc, « Introduction : plaidoyer pour l'analyse des pratiques scripturales de la migrance dans les littératures contemporaines en français », in : *Nouvelles Études Francophones* 27/1 (2012), p. 1–18.
36 Bessy/Khordoc, « Introduction », p. 16.

Dans *Mrs Haroy ou la mémoire de la baleine*, le cétacé est de loin le motif qui participe le plus à donner une dimension esthétique et littéraire à la question de la migration : « la métaphore revêt une force et un poids particuliers [...] [E]lle n'est pas employée comme artifice littéraire. Elle est déployée généreusement à l'image d'un livre dans le livre ».[37] L'animal accompagne le récit non seulement au fil de la trame narrative, mais aussi à travers de nombreuses épigraphes encadrant chaque chapitre, tel un « véritable hommage au motif de la baleine dans la littérature mondiale ».[38] Sont ainsi mentionnées, par exemple, la baleine que rencontre Jonas dans l'Ancien Testament et celle du Pinocchio de Collodi, en passant aussi entre autres par l'incontournable Moby Dick de Melville.[39] La thématique migratoire est donc abordée dans l'intertextualité, ce qui contribue à conférer au roman un caractère relevant de la *littérature de la migrance*.

En effet, plus qu'un thème central du récit, la *migrance* (en l'occurrence du cétacé) est ainsi intégrée de manière littéraire à la structure même du roman, et les divers cétacés célèbres rythment, par leur présence en marge de la trame narrative, l'histoire de Claude/Claudio. De plus, la place esthétique de sa trajectoire migratoire et de celle de sa famille permet un parallèle avec le concept de *Migrationsliteratur*,[40] un terme désignant une littérature qui mobilise la migration tant sur le plan thématique que par le biais de procédés esthétiques.[41]

Plus qu'un thème, la question migratoire est en effet aussi rattachée à la dimension linguistique chez Portante. Son œuvre-phare comporte de nombreux passages où la migrance va de pair avec un bagage linguistique dont on peut ultimement tirer profit :

> [...] à bien y penser, je crois que, à cette époque-là, malgré mes reniements publics, j'utilisais presque toujours l'italien pour me parler à moi-même. Comme si j'arrivais à mieux me comprendre, à être plus sincère avec moi, dans cette langue-là. Le luxembourgeois, par contre, permettait la distance. Je parlais avec Nico, tout comme j'avais parlé à Charly, mais ils restaient loin de moi. Une énorme ligne nous séparait. Et sur cette énorme ligne, je pouvais écrire tous les mensonges que je voulais.[42]

L'italien, intrinsèquement lié aux Abruzzes et à la trajectoire migratoire des Nardelli, confère à Claude/Claudio une liberté langagière qu'il met à

---

37 Kadaré, « Préface », p. XII.
38 Glesener, « Trace de l'origine », p. 43.
39 Portante, *Mrs Haroy*, p. 411 ; cf. Lis, « Między prowizorycznym a ostatecznym », p. 53.
40 Cf. Rösch, *Didaktische Studie*.
41 Cf. Rösch, « Migrationsliteratur », p. 338.
42 Portante, *Mrs Haroy*, p. 406.

profit dans sa quête identitaire. Il est explicitement fait mention de la distance linguistique (« énorme ligne ») que lui procure le choix de langue pour procéder à une réécriture des faits vécus (« tous les mensonges »). À la fois en tant que protagoniste et narrateur, il se crée une identité par la force d'une langue qu'il fait sienne. Cela s'opère dans une opposition rappelant le *monolinguisme de l'autre*,[43] même si le contexte plurilingue du Luxembourg appelle tout au plus à une sorte d'*allophonie de l'autre* – qui maîtrise certes plusieurs langues, mais pas l'italien.

Conclusion

Dans la présente contribution, nous avons abordé le roman *Mrs Haroy ou la mémoire de la baleine* de Jean Portante à travers un parcours conceptuel rassemblant des notions issues des espaces francophone, germanophone et luxembourgophone. Le but était de mieux cerner la déconstruction de l'unicité culturelle à l'œuvre dans la recherche identitaire du protagoniste et narrateur Claude Nardelli, alias Claudio.

Nous avons vu comment ce récit investit de façon nouvelle le contexte luxembourgeois, lui-même caractérisé par la nature liminaire de son emplacement au confluent des espaces francophone et germanophone, en transcendant la dualité historique pour miser sur une hybridité élargie. Le long chemin de négociation identitaire que le protagoniste entreprend passe par une écriture de soi qui relève de la *littérature de la migrance*. L'univers littéraire portantien s'avère propice à l'expression de l'entre-deux culturel, en premier lieu à travers le motif hybride du cétacé. Sa portée dépasse d'ailleurs largement le livre abordé ici :

> Pour revenir à la baleine, je pense que la plupart des écrivains luxembourgeois s'exprimant en français ou en allemand écrivent dans une langue baleine. À l'intérieur respire le poumon de la langue maternelle, même si de l'extérieur on croit voir autre chose.[44]

Espérons donc que cette contribution a aussi permis de mettre en valeur la littérature luxembourgeoise qui s'inscrit à nos yeux à merveille dans le regard croisé franco-allemand et la question de la frontière linguistique au cœur du présent volume.

---

43 Cf. Jacques Derrida, *Le Monolinguisme de l'autre ou la prothèse d'origine*, Paris, Éditions Galilée, 1996.
44 Jean Portante, « Vauban est resté, Molière est parti... Le paysage littéraire luxembourgeois », in : *Secolul 21: Luxembourg o capitală în Europa* 7–12 (2007), p. 204.

Bibliographie

Berrouët-Oriol, Robert, « L'effet d'exil », in : *Vice versa* 17 (1986/1987), p. 20–21.

Bessy, Marianne et Catherine Khordoc, « Introduction : plaidoyer pour l'analyse des pratiques scripturales de la migrance dans les littératures contemporaines en français », in : *Nouvelles Études Francophones* 27/1 (2012), p. 1–18.

Biondi, Franco et Rafik Schami, « Literatur der Betroffenheit. Bemerkungen zur Gastarbeiterliteratur », in : Christian Schaffernicht (éd.), *Zu Hause in der Fremde. Ein bundesdeutsches Ausländer-Lesebuch*, Fischerhude, Atelier im Bauernhaus, 1981, p. 124–136.

Boggiani, Joseph, « Immigration italienne et littérature luxembourgeoise : vérité et fiction dans le roman de Jean Portante, *Mrs Haroy ou la mémoire de la baleine* », in : *Babel* 11 (2004), p. 11–29.

Chartier, Daniel, « Les origines de l'écriture migrante : l'immigration littéraire au Québec au cours des deux derniers siècles », in : *Voix et Images* 27/2 (2006), p. 303–316.

Derrida, Jacques, *Le Monolinguisme de l'autre ou la prothèse d'origine*, Paris, Éditions Galilée, 1996.

Fehlen, Fernand, « Der ungeplante Ausbau des Luxemburgischen im Spannungsfeld von Germania und Romania », in : *Entstehung von Sprachen* 45 (2015), p. 65–80.

Gilbertz, Fabienne, « (Literarische) Grenzgänge. Hybridität und Liminalität in der Literatur Luxemburgs », in : Jenny Bauer, Claudia Gremler et Niels Penke (éd.), *Heimat – Räume. Komparatistische Perspektiven auf Herkunftsnarrative*, Berlin, Ch. A. Bachmann, 2014, p. 45–55.

Glesener, Jeanne E., « La Trace de l'origine : poétique de l'*effaçonnement* et écriture mémorielle chez Jean Portante », in : *Nouvelles Études Francophones* 27/1 (2012), p. 34–50.

Glesener, Jeanne E., « On Small Literatures and Their Location in World Literature: A Case Study on Luxembourgish Literature », in : *Interlitteraria* 17 (2012), p. 75–92.

Glesener, Jeanne E., « Komparatistische Ansätze für eine interkulturelle Literaturgeschichte Luxemburgs », in : Heinz Sieburg, Jeanne E. Glesener et Nathalie Roelens (éd.), *Das Paradigma der Interkulturalität: Themen und Positionen in europäischen Literaturwissenschaften*, Bielefeld, Transcript Verlag, 2017, p. 41–68.

Glesener, Jeanne E., « Nation-building, Nation Branding an Tendenzwenden an der Literatur », in : *Kulturgeschicht vu Lëtzebuerg*, 2021, https://www.kulturgeschicht.lu/taxonomy/term/69.

Hausemer, Georges, *À propos... de la littérature au Luxembourg*, Luxembourg, Le Gouvernement du Grand-Duché de Luxembourg, 2019.

Kadaré, Ismaïl, « Préface », in : Jean Portante, *La mémoire de la baleine*, Bordeaux, Le Castor Astral, 1999 [1993], p. XI–XIII.

Lis, Jerzy, « Między prowizorycznym a ostatecznym. O losach emigracji w powieści Jeana Portante'a *Pamięć wieloryba* », in : Mirosław Loba, Barbara Łuczak et Alfons Gregori (éd.), *„Literatury mniejsze" Europy romańskiej*, Poznań, Wydawnictwo Naukowe UAM, 2015, p. 47–58.

Mathis-Moser, Ursula et Birgit Mertz-Baumgartner, « Littérature migrante ou littérature de la migrance ? À propos d'une terminologie controversée », in : *Diogène* 246/247/2 (2014), p. 46–61.

Millim, Anne-Marie, « Muttersprachliche Mehrsprachigkeit. Batty Weber (1860–1940) und die Mischkultur in Luxemburg », in : Heinz Sieburg, Jeanne E. Glesener et Nathalie Roelens (éd.), *Das Paradigma der Interkulturalität. Themen und Positionen in europäischen Literaturwissenschaften*, Bielefeld, transcript, 2017, p. 85–104.

Millim, Anne-Marie (éd.), *Batty Weber – Werk und Wirkung*, Mersch, Centre national de littérature, ²2023.

Péporté, Pit, Sonja Kmec, Benoît Majerus et Michel Margue, *Inventing Luxembourg: Representations of the Past, Space and Language from the Nineteenth to the Twenty-First Century*, Leiden/Boston, Brill, 2010.

Portante, Jean, *Mrs Haroy ou la mémoire de la baleine : chronique d'une immigration*, Echternach, Éditions Phi, 1993.

Portante, Jean, *Erinnerungen eines Wals. Chronik einer Immigration*, Blieskastel, Gollenstein-Verlag, 2007.

Portante, Jean, « Vauban est resté, Molière est parti... Le paysage littéraire luxembourgeois », entretien avec Corina Ciocârlie, in : *Secolul 21: Luxembourg o capitală în Europa* 7–12 (2007), p. 204–210.

Portante, Jean, *Mrs Haroy ou la mémoire de la baleine*. Differdange, Éditions Phi, 2008 [1993].

Portante, Jean, « In Wirklichkeit », lecture au KunstRaumRhein, Dornach, 4 octobre 2020. https://www.youtube.com/watch?v=8dfydfZEBoc&t=632s.

Portante, Jean, « Le Travail de l'Origine », entretien réalisé par Valerija Berdi, Radio 100,7, 30 août 2022. https://www.100komma7.lu/article/kultur/jean-portante-le-travail-de-l-origine.

Ricœur, Paul, *Soi-même comme un autre*, Paris, Seuil, 1990.

Ries, Nicolas, *Le peuple luxembourgeois : essai de psychologie*, Diekirch, Schroell, 1911.

Rösch, Heidi, *Migrationsliteratur im interkulturellen Kontext. Eine didaktische Studie zur Literatur von Aras Ören, Aysel Özakin, Franco Biondi und Rafik Schami*, Frankfurt a. M., Verlag für Interkulturelle Kommunikation, 1992.

Rösch, Heidi, « Migrationsliteratur », in : Christiane Lütge, *Grundthemen der Literaturwissenschaft: Literaturdidaktik*, Berlin/Boston, De Gruyter, 2019, p. 338–356.

Schierloh, Heimke (éd.), *Das alles für ein Stück Brot. Migrantenliteratur als Objektivierung des ‚Gastarbeiterdaseins': mit einer Textsammlung*, Frankfurt a. M., Peter Lang, 1984.

Simon, Sherry, *Hybridité culturelle*, Montréal, L'Île de la Tortue, 1999.

Steltz, Christian, « Migrantenliteratur », in : Heribert Tommek, Matteo Galli et Achim Geisenhanslüke (éd.), *Wendejahr 1995. Transformationen der deutschsprachigen Literatur*, spectrum Literaturwissenschaft/spectrum Literature 51, Berlin, De Gruyter, 2015, p. 156–172.

Weber, Batty, « Über Mischkultur in Luxemburg », in : *Beilage der Münchner Neuesten Nachrichten* 15, 20 janvier 1909, p. 121–124.

Caio Lee

Exil, débordement et traduction : le cas des *Minima Moralia* de Theodor Adorno[1]

« *Alle philosophische Kritik ist heute möglich als Sprachkritik* ».[2]

Abstract

Dans cet article, nous explorons comment la notion d'exil se manifeste dans les *Minima Moralia* d'Adorno. Nous cherchons surtout à montrer comment celle-ci est poussée au-delà d'elle-même, c'est-à-dire de sa définition immédiate dans un processus de débordement. Nous tenterons ensuite d'illustrer comment concevoir l'aspiration critique du livre à partir de cet effet de débordement. Enfin, nous considérons la question de la traduction sous l'angle de cet effet.

Mots-clés : Adorno, exil, débordement, transformation, dialectique, aphorisme

Résumé

In diesem Artikel untersuchen wir, wie der Begriff des Exils in Adornos *Minima Moralia* artikuliert wird. Vor allem geht es uns darum zu zeigen, wie dieser Begriff über sich selbst hinausgetrieben wird, das heißt, über seine unmittelbare Definition hinaus in einen Prozess des Überlaufs. Anschließend versuchen wir aufzuzeigen, wie der kritische Anspruch des Buches aus der Perspektive dieses Überlaufeffekts sich begreifen lässt. Abschließend beschäftigen wir uns mit dem Thema der Übersetzung aus der Perspektive dieses Effekts.

---

1 Je remercie profondément Fiona O'Donnell pour la première révision de ce texte pour sa présentation à la conférence à Toulouse, ainsi que les éditeurs Jasmin Berger, Geronimo Groh et Simone Lettner pour la relecture et les suggestions avant sa publication ici.
2 Theodor W. Adorno, « Thesen über die Sprache des Philosophen », in : *Philosophische Frühschriften*, Frankfurt a. M., Suhrkamp Verlag, ⁴2022 [2003], p. 366–377, p. 369.

Schlagwörter: Adorno, Exil, Überlaufen, Transformation, Dialektik, Aphorismus

L'exil au-delà de lui-même

Dans les 153 aphorismes des *Minima Moralia*, publiés en 1951 en Allemagne, Theodor W. Adorno s'intéresse aux thèmes les plus variés : on y trouve des considérations sur des phénomènes de la vie quotidienne comme offrir des cadeaux, parler à des inconnus dans le train, la façon dont nous ouvrons et fermons les portes, comment nous voyageons en voiture à travers la campagne ; des réflexions sur des concepts tels que la fidélité, l'authenticité, la vérité, l'objectivité et l'ennui ainsi que des interprétations d'autres penseurs et artistes, tels que Hegel, Nietzsche, Kant, Proust, Kafka, Beethoven, Wagner et Maupassant. Malgré cette richesse thématique, il y a aussi une identité qui s'impose au-dessus de cette multiplicité, à savoir la répétition au sein de toute cette diversité d'une même forme d'endommagement, ce qui nous amène justement à la notion de mauvaise totalité, de « vie endommagée » présente dans le sous-titre du livre : *Reflexionen aus dem beschädigten Leben*. De cette façon, chaque aphorisme se referme sur sa propre particularité thématique et s'ouvre également sur les autres en tant qu'incarnation particulière d'une dynamique sociale générale de la mauvaise universalité.[3]

Il n'en va pas autrement de la thématique de l'exil, sujet abordé dans plusieurs aphorismes des *Minima Moralia*. Cela est tout d'abord dû au fait que le livre a été écrit en allemand entre 1944 et 1947 durant l'exil d'Adorno aux États-Unis qui avait commencé en 1938 après un séjour de presque quatre ans en Angleterre et qui s'est prolongé jusqu'à 1949. L'endommagement de l'intellectuel étranger en exil est par exemple le thème de l'aphorisme 13, « Schutz, Hilfe und Rat », qui nous dit que

> Jeder Intellektuelle in der Emigration, ohne alle Ausnahme, ist beschädigt und tut gut daran, es selber zu erkennen, wenn er nicht hinter den dicht geschlossenen Türen seiner Selbstachtung grausam darüber belehrt werden will. Er lebt in einer Umwelt, die

---

[3] Le lien entre aphorisme et perspectivisme est largement examiné et bien documenté. Cf., par exemple, l'article de Maebh Long, « Aphorisms and Archipelagos: Relationality in Modernist Studies », in : Kostas Boyiopoulos et Michael Shallcross (éd.), *Aphoristic Modernity – 1880 to the Present*, Leiden, Brill Publishers, 2020, p. 190–205. Les *Minima Moralia* constituent un cas spécifique car, en raison de leur caractère dialectique, elles ne renoncent pas à la vision globale de la réalité habituellement niée par le perspectivisme et formellement incarnée par l'aphorisme en tant que fragment. Il faut cependant souligner que chez Adorno la totalité se constitue de manière négative, et c'est cette négativité qu'on essaye d'articuler ici à travers la notion de débordement.

ihm unverständlich bleiben muss, auch wenn er sich in den Gewerkschaftsorganisationen oder dem Autoverkehr noch so gut auskennt; immerzu ist er in der Irre. Zwischen der Reproduktion des eigenen Lebens unterm Monopol der Massenkultur und der sachlich-verantwortlichen Arbeit herrscht ein unversöhnlicher Bruch. Enteignet ist seine Sprache und abgegraben die geschichtliche Dimension, aus der seine Erkenntnis die Kräfte zog.[4]

Le caractère homogénéisant du « monopole de la culture de masses » interdit, dans sa systématicité, toute différence qui ne peut pas être convertie en profit dans cette industrie et empêche donc l'intellectuel étranger d'y pénétrer pour réaliser son travail. Ce qui signifie que la « dimension historique de laquelle son savoir puisait sa force » fait défaut même à l'intellectuel étranger quantitativement bien intégré à la société – à celui qui connaît bien les « organisations syndicales » et la « circulation automobile » – comme nous l'apprend le fragment mentionné ci-dessus. De ce fait, l'intellectuel ne dispose pas de l'insertion qualitative dans la culture locale qui lui permettrait d'être bien accepté dans l'industrie de la culture. C'est pourquoi Adorno souligne à plusieurs reprises la façon dont même l'espace universitaire n'échappe pas à cette bureaucratisation, comme il l'illustre notamment dans l'aphorisme 1, « Für Marcel Proust ». Cela conduit l'intellectuel, nous confie le philosophe quelques lignes plus bas, à un second niveau inférieur de concurrence en matière des moyens de subsistance au sein de la concurrence plus générale déjà très violente pour la participation à la distribution de la richesse sociale. Il en ressort qu'à l'intérieur de l'exil-même se produit une seconde exclusion dans le pays où le réfugié est exclu des niveaux centraux de concurrence du capitalisme.[5]

Mais puisque les aphorismes consacrés à l'exil et à la guerre cohabitent avec d'autres textes qui abordent des thématiques différentes, la notion d'exil entre en résonance avec la totalité du livre. Et dans cette résonance elle dépasse le niveau plus immédiat de la figure de l'exilé de guerre vers le sujet de l'endommagement qui prend des formes variées dans les *Minima Moralia*. A travers l'image de l'exil, la vie endommagée peut aussi être interprétée comme une vie exilée, c'est-à-dire comme une vie en exil même pour ceux qui ne se trouvent pas dans une situation directe d'exil. Une vie en exil qui, à travers un certain déplacement linguistique et

---

4   Theodor W. Adorno, *Minima Moralia*, Frankfurt a. M., Suhrkamp Verlag, ^{8}2012 [2003], p. 35.
5   À propos de l'importance de ce sujet pour la pensée d'Adorno en général, Antonio Vásquez-Arroyo propose un examen de l'exil comme potentiel point de clivage dans son œuvre dans l'article « Minima Humana: Adorno, Exile and the Dialectic », in : *Telos. Critical Theory of the Contemporary* 149 (2009), p. 105–125.

culturel radical produit l'exclusion du sujet des dimensions de l'existence et, plus généralement, de l'aspiration à une autre vie, à une vie meilleure, une vie juste en opposition à la « fausse vie ».

Pour mieux éclairer cet aspect, prenons en considération un fragment de l'aphorisme 72, « Zweite Lese » :

> An einem Abend der fassungslosen Traurigkeit ertappte ich mich über dem Gebrauch des lächerlich falschen Konjunktivs eines selber schon nicht recht hochdeutschen Verbs, der dem Dialekt meiner Vaterstadt angehört. Ich hatte die zutrauliche Missform seit den ersten Schuljahren nicht mehr vernommen, geschweige denn verwandt. Schwermut, die unwiderstehlich in den Abgrund der Kindheit hinunterzog, weckte auf dem Grunde den alten, ohnmächtig verlangenden Laut. Wie ein Echo warf mir die Sprache die Beschämung zurück, die das Unglück mir antat, indem es vergaß, was ich bin.[6]

Dans ce passage, c'est la langue qui, à travers la tension entre le dialecte régional et le *Hochdeutsch*, rappelle au sujet l'oubli de soi-même et l'abîme entre son enfance et sa vie adulte. Bien évidemment, il ne s'agit pas ici, comme nous l'indique l'aphorisme 65, « Kohldampf », d'idéaliser le dialecte régional par rapport au *Hochdeutsch* en le fétichisant. Il s'agit plutôt d'illustrer comment, dans l'enfance, la langue s'articulait comme langage, comme mode d'engagement dans le monde, d'une manière différente que dans la vie adulte.

Le passage de l'enfance à la vie adulte est effectivement un thème central de plusieurs aphorismes et ici les notions d'« humiliation » et d'« oubli » font écho à toute la souffrance de cette formation dans laquelle le sujet est progressivement contraint à des modes de comportements systématisés qui lui sont étrangers puisque inattentifs à sa subjectivité. Pour accomplir une telle adaptation, le sujet doit sacrifier ses sentiments et ses pulsions infantiles les plus immédiats qui déterminent d'autres modes d'engagement au sein du monde que celui du système. Il doit s'oublier lui-même et oublier également le mode d'existence qui configurait dans l'enfance aussi un mode particulier d'articulation en tant que langage de la langue. Dans une vie marquée par la répétition mécanique du travail, l'adulte est ainsi mélancoliquement exilé de son enfance sans possibilité de retour. Et ce clivage, cet abîme est décrit ici non seulement à travers l'opposition entre deux langues, le dialecte et le haut-allemand, mais aussi entre deux langages, entre deux formes d'engagement avec le monde et avec soi-même. À cet égard, le langage d'enfance, en tant que mode de

---

6 Adorno, *Minima Moralia*, p. 125.

relation avec le monde et soi-même, se réalisait à travers un dialecte, mais pourrait bien sûr aussi se réaliser à travers le *Hochdeutsch* en opposition à une autre langue – à la langue, par exemple, du pays où l'individu se trouve exilé.

Par ailleurs, le problème va au-delà de la tension entre enfance et vie adulte. Même dans les lieux que nous tendons à considérer comme les plus intimes de la vie adulte, les aphorismes réussissent à démontrer la prédominance du langage logique du système. Le désir, l'amour, le sommeil, les divertissements : partout nos activités se montrent complètement réglementées de façon à interdire toute forme de spontanéité. D'une certaine manière, le sujet apparaît donc comme exilé de soi-même, non pas seulement de son enfance, mais de la bonté et du bonheur qu'il peut trouver de temps à autres dans sa vie adulte et qui semblent être dévorés par ce qu'Adorno qualifie de « totalité sociale », de « gris », de « système économiquement déterminé », de « fausse vie », de « vie endommagée ».[7]

Le langage socialement prédominant se montre incapable de dire et de penser ce que nous avons besoin de dire et de penser, il semble plutôt le défigurer et le trahir ; c'est le langage que nous parlons mais il ne semble pas nous servir, comme s'il s'agissait là d'un système extérieur à notre propre personne. Dans une vie endommagée, on trouve un langage endommagé qui nous exile de nous-mêmes et qui mine toute possibilité même de penser ce qui ne marche pas et ce que nous voulons en réalité.

En ce sens, dans cette dimension de l'exil comme aliénation de soi-même, l'expérience du sujet politiquement et géographiquement exilé par l'expropriation de sa « langue » et de sa « dimension historique », dont parlait le premier fragment évoqué plus haut, fait écho à l'expérience plus générale de l'expropriation d'un mode d'engagement dans le monde qui s'est perdu ou qui n'a même pas eu l'opportunité de commencer à s'établir et à se développer au milieu de la tendance générale vers la systématisation. C'est la raison pour laquelle la bureaucratisation totale et continue de la vie dévore à tout instant chaque expérience qui parvient à échapper à la surveillance systématique et à percer temporairement à travers les frontières homogénéisantes de la vie quotidienne. L'exil et les notions de frontière et de langue passent donc ici par un effet de débordement. D'une part,

---

7   En allemand, respectivement : « gesellschaftliches Ganzen » (aphorisme 99, p. 175), « das Grauen » (aphorisme 5, p. 26), « ökonomisch determinierten System » (aphorisme 100, p. 195), « Es gibt kein richtiges Leben im falschen » (aphorisme 18, p. 43), « das beschädigte Leben » (du titre : *Minima Moralia – Reflexionen aus dem beschädigten Leben*).

ils se réfèrent à l'exil proprement dit, où le déplacement à travers les frontières politiques détermine pour l'étranger, dans le nouveau pays, une frontière linguistique et culturelle au milieu d'un système de concurrence extrême qui l'exclut du centre de cette société. D'autre part, l'exil, en débordant de sa définition plus immédiate, pointe vers la perte de diverses formes de langage et d'expérience en faveur de la logique du travail qui détermine des frontières invisibles mais insurmontables entre la forme de vie socialement dominante et l'intuition de la possibilité d'une autre vie incarnée par un autre mode d'engagement dans le monde.

Débordement, deuil et transformation
Bien qu'il y ait de nombreux autres diagnostics de ce processus de la systématisation générale de la vie – comme celui qu'aborde Foucault à travers sa notion de biopolitique[8] –c'est bel et bien la forme qui distingue l'approche d'Adorno de ces autres diagnostics. En ce sens, l'attention portée à l'élaboration formelle n'est pas quelque chose de secondaire chez l'auteur, elle est en réalité essentielle : objectivité et expressivité deviennent des éléments complémentaires. C'est pourquoi l'analyse de son œuvre ne peut pas se porter exclusivement sur les liens logiques entre les concepts, elle doit plutôt se concentrer sur la façon dont la conceptualisation se réalise au sein-même de l'acte de lecture. À cet égard, l'effet de débordement des notions d'exil, de langue et de frontières ne peut se produire qu'à travers une forme de lecture non systématique où la pensée ne détermine pas ses objets à partir de définitions clairement délimitées mais plutôt au milieu de constellations qui produisent des interactions entre des objets qui font émerger non seulement leur polysémie mais aussi ses impulsions négatives qui ont été réprimées en faveur de la manipulation logique des concepts.

Pour mieux éclairer cet effet de débordement, observons à présent l'aphorisme 20, « Struwwelpeter », qui traite de la fétichisation du langage pragmatique et de son rapport avec la logique du travail. Voici les premières lignes du texte en question :

> Die praktischen Ordnungen des Lebens, die sich geben, als kämen sie den Menschen zugute, lassen in der Profitwirtschaft das Menschliche verkümmern, und je mehr sie sich ausbreiten, um so mehr schneiden sie alles Zarte ab. Denn Zartheit zwischen Menschen ist nichts anderes als das Bewußtsein von der Möglichkeit zweckfreier Beziehungen, das noch die Zweckverhafteten tröstlich streift; Erbteil alter Privilegien,

---

8 Cf. Michel Foucault, *Naissance de la Biopolitique*, Paris, Seuil/Gallimard, ¹2004.

das den privilegienlosen Stand verspricht. (...) Wenn Zeit Geld ist, scheint es moralisch, Zeit zu sparen, vor allem die eigene, und man entschuldigt solche Sparsamkeit mit der Rücksicht auf den andern. Man ist geradezu. Jede Hülle, die sich im Verkehr zwischen die Menschen schiebt, wird als Störung des Funktionierens der Apparatur empfunden, der sie nicht nur objektiv eingegliedert sind, sondern als die sie mit Stolz sich selber betrachten.[9]

Ce passage s'articule autour de la prédominance d'une rationalité pragmatique et de « l'atrophie de l'humain », c'est-à-dire de la capacité de tendresse entre les personnes. Il s'agit ici en particulier de la froideur qui se dégage d'une dynamique communicative pragmatique liée à l'absence de capacité à interagir avec l'autre sans des buts pratiques et immédiats de productivité, sans réduction des autres à des objets auxquels il faut appliquer les protocoles de communication ordonnés et cette tendresse ne représente pas uniquement une ouverture à l'autre. Elle serait aussi, concomitamment, une ouverture à soi-même, à ses besoins expressifs et subjectifs réprimés par la logique du pragmatisme.

Arrivés à ce point, nous pouvons nous concentrer sur le rapport entre le titre de cet aphorisme et son contenu. Le *Struwwelpeter* est un livre de 1845, écrit par le psychiatre Heinrich Hoffmann et qui était censé aider à l'éducation des jeunes lecteurs. Dans ses petites histoires, la forme prétendument gracieuse des petits poèmes rimés coexiste avec la brutalité des illustrations et des histoires elles-mêmes, qui montrent généralement des enfants soumis à une sorte de violence physique comme conséquence d'un comportement jugé inapproprié. Nous pouvons citer en guise d'exemple « Die Geschichte vom Daumenlutscher », une histoire dans laquelle un enfant nommé Konrad prend plaisir à sucer ses doigts. Sa mère lui dit de ne pas le faire pour éviter la venue du *Schneider*, le Coupeur, mais Konrad continue à les sucer, ce qui fait que le Coupeur arrive enfin et lui coupe le pouce avec de « gros ciseaux pointus » – une histoire accompagnée d'une illustration dans laquelle on peut voir le sang s'écoulant du doigt coupé de l'enfant.

Dans le corps de l'aphorisme il n'y a pourtant aucune référence supplémentaire au *Struwwelpeter* ou à la violence faite aux enfants, ce qui invite le lecteur à faire un travail d'interprétation du titre « Struwwelpeter » à partir du problème du pragmatisme communicatif. À cet égard, on peut voir comment le *Struwwelpeter* en tant que livre, c'est-à-dire en tant que moyen de communication, est brutalement pragmatique dans sa

---

9   Adorno, *Minima Moralia*, p. 45.

tentative de former les jeunes esprits. Il transmet son message sans détour de la manière la plus directe et la plus claire possible, à savoir que la désobéissance entraîne des châtiments et des souffrances physiques.

Les dernières lignes de l'aphorisme sont justement les suivantes :

> Das direkte Wort, das ohne Weiterungen, ohne Zögern, ohne Reflexion dem andern die Sache ins Gesicht sagt, hat bereits Form und Klang des Kommandos, das unterm Faschismus von Stummen an Schweigende ergeht. Die Sachlichkeit zwischen den Menschen, die mit dem ideologischen Zierrat zwischen ihnen aufräumt, ist selber bereits zur Ideologie geworden dafür, die Menschen als Sachen zu behandeln[10].

Nous sommes amenés à voir comment la brutalité communicative du *Struwwelpeter* réduit les garçons et les filles à une matière amorphe afin de les former et les discipliner pour leur faire adopter des comportements qui ne perturbent pas le fonctionnement bureaucratique de la vie quotidienne. La brutalité communicative qu'on retrouve ici dépasse la sphère du contenu : c'est aussi une brutalité formelle. Il s'agit effectivement de la réduction de la communication à la répétition d'une même formule. Avec cette répétition on renonce à la volonté d'élaborer ce qu'on dit pour construire un dialogue avec l'autre afin que les deux parties puissent réellement se comprendre. En plus, on renonce également au fait que dans cette interaction-même on puisse découvrir de nouveaux éléments et de nouvelles perspectives sur l'objet dont ils parlent.

L'expérience de lecture du *Struwwelpeter* se réduit à la dualité d'être ou de ne pas être puni. Ainsi, on renonce à l'élaboration expressive comme élan vers l'autre, comme une tentative de transformer les formes d'expression données afin qu'on puisse avoir effectivement une interaction communicative avec l'autre et soi-même. De cette façon, Adorno nous aide à voir comment le pragmatisme du *Struwwelpeter* se déplace au-delà de la simple transmission brève et directe de protocoles de comportement et traite de l'imposition du pragmatisme-même comme forme de langage au-dessus du langage non pragmatique des enfants qui lisent le livre. De cette façon, à travers l'interaction entre le titre et le corps de l'aphorisme, se produit un débordement qui pousse le *Struwwelpeter* au-delà du statut de livre de protocoles de bons comportements. Sa composition se révèle plutôt comme symptôme de l'endommagement du langage d'un adulte exilé de son enfance qui n'arrive plus à communiquer avec les enfants. C'est la raison pour laquelle ce texte présente de petites rimes dans le but

---

10 Adorno, *Minima Moralia*, p. 46.

d'introduire un élément „enfantin" prétendument capable de rendre possible la communication avec eux.[11]

L'expérience de lecture du débordement nous semble conçue justement comme une forme de résistance contre la lecture systématique, pragmatique, transparente et argumentative. Les *Minima Moralia* essaient de démonter cette forme de lecture et son langage en nous faisant à la fois percevoir, ressentir et réfléchir sur son caractère endommagé et endommageant à travers un autre langage qui nous permet, d'une certaine façon, de surmonter l'abîme qui nous sépare de l'enfance et des expériences comme l'amour. Il ne s'agit pas tout simplement d'un retour direct de l'exil produit par la prévalence sociale du système, étant donné que la vie endommagée continue avec sa systématicité à s'imposer sans relâche aux sujets puisque la frontière entre « vie fausse » et « vie juste » ne peut pas être surmontée d'un seul coup. Il s'agit plutôt d'élaborer concrètement le langage à travers l'ouverture à ce qui est tenu à l'écart du langage par la répression, l'ouverture à la souffrance individuelle, pour que progressivement la vie donnée puisse déborder d'elle-même.

On trouve aussi dans l'aphorisme 72 un autre fragment où Adorno recourt à la notion de « jeu » en opposition à la logique rigide du système :

> Dem Kinde, das aus den Ferien heimkommt, liegt die Wohnung neu, frisch, festlich da. Aber nichts hat darin sich geändert, seit es sie verließ. Nur dass die Pflicht vergessen ward, an die jedes Möbel, jedes Fenster, jede Lampe sonst mahnt, stellt ihren sabbatischen Frieden wieder her, und für Minuten ist man in Einmaleins von Zimmern, Kammern und Korridor zu Hause, wie es ein ganzes Leben lang nur die Lüge behauptet. Nicht anders wird einmal die Welt, unverändert fast, im stetigen Licht ihres Feiertags erscheinen, wenn sie nicht mehr unterm Gesetz der Arbeit steht, und dem Heimkehrenden die Pflicht leicht ist wie das Spiel in den Ferien war.[12]

Dans ce fragment, l'auteur nous présente une image qui, au-delà d'une résistance triste et résignée contre le système total, nous oriente vers une autre vie que celle définie par la prévalence de la forme du système. En outre, contrairement à cet autre fragment d'aphorisme 72 présenté plus haut dans lequel l'enfance et l'âge adulte sont séparés par la mélancolie de la perte insurmontable d'un bonheur passé, l'enfance est présentée ici comme quelque chose qu'on pourrait actualiser et transformer dans la vie

---

11 À propos de la question de la relation entre titre et aphorisme dans les *Minima Moralia* cf. l'article d'Elisabetta Mengaldo, « Zitate und Bilder – Zum Verhältnis von Titel und Text in Th. W. Adornos ‚Minima Moralia' », in : *Jahrbuch der deutschen Schillergesellschaft* 54 (2010), p. 458–473.
12 Adorno, *Minima Moralia*, p. 126–127.

adulte et ainsi opposer à la totalité sociale de la prédominance de la logique pragmatique du travail. En ce sens, il faut souligner qu'Adorno (dans la première ligne de la Dédicace à Max Horkheimer des *Minima Moralia*) définit le livre comme une « traurige Wissenschaft » (en opposition bien sûr à la *fröhliche Wissenschaft* de Nietzsche), et il ne faut pas négliger la dimension du deuil (« Trauer »), qui constitue les aphorismes comme espace de réactualisation de ce qui a été réprimé, oublié et perdu. Comme espace de deuil, les *Minima Moralia* restent conscients de l'impossibilité d'un retour immédiat à l'enfance au milieu de la vie adulte et du monde du travail, mais elles ne se résignent pas pourtant à la perte de ce passé, d'où l'effort pour l'actualiser au présent de manière critique en le transformant au lieu d'essayer de le répliquer mécaniquement en le fétichisant.

De cette manière, il serait possible d'interpréter cette constitution d'effet de débordement au milieu des mouvements discursifs non linéaires comme une résistance au pragmatisme systématique. En invitant le lecteur à participer à la construction du texte, Adorno l'inclut dans l'expérience de jeu présentée dans ce dernier fragment. À partir de la vision systématique du monde, l'organisation des maisons répond de plus en plus à une logique pragmatique de l'organisation de la vie. En effet, dans l'aphorisme 18, « Asyl für Obdachlose », qui parle précisément de la tendance à la production des maisons sans vie au milieu d'une vie endommagée, Adorno nous dit par exemple que dans ces maisons « die Übernächtigen sind allezeit verfügbar und widerstandslos zu allem bereit, alert und bewusstlos zugleich »[13]. Les chambres et les couloirs sont ainsi réduits à leurs fonctions pragmatiques, et les personnes sont continuellement prêtes à travailler, même lorsqu'elles se reposent.

Mais dans le jeu d'enfants se produit une « multiplication » de ces espaces. Ils se voient ainsi transformés en une multiplicité fondée sur l'élan créatif selon lequel l'espace peut être modifié au-delà de sa détermination quantitative. Et dans son invitation au lecteur à construire ou à découvrir lui-même des liens dans le texte, *Minima Moralia* produit des débordements. Elle trouve sa force expressive et objective précisément dans une réactualisation de ce jeu de multiplication comme si le texte était une maison, un espace dans lequel le sujet pourrait prendre des pauses, en s'échappant à la logique routinière du travail et en cherchant d'autres

---

13 Adorno, *Minima Moralia*, p. 42.

chemins, en élaborant une autre forme et un autre langage. Dans cette invitation au jeu, les *Minima Moralia* offrent ainsi un espace de deuil comme actualisation critique de la capacité de jeu que le passage de l'enfance à l'âge adulte réprime.[14]

Débordement et traduction

Par ailleurs, ces notions de jeu critique et de débordement nous amènent à des réflexions concernant la traduction des *Minima Moralia* qui pourraient porter de façon générale sur la question de la traduction. Comment pourrait-on transporter la vérité du texte d'une langue à l'autre si l'original dépend tellement des subtilités linguistiques pour sa puissance expressive et si la subtilité elle-même est cruciale pour l'effort critique contre la systématisation de la vie à l'époque contemporaine dénoncée par Adorno ? En effet, on retrouve des efforts de traduction différents, voire opposés comme solution à ce problème : la traduction vers l'anglais d'E. Jephcott[15], par exemple, utilise abondamment les notes de bas de page pour tenter de surmonter les diverses nuances perdues dans le processus de traduction, tandis que celle de Gabriel Cohn[16] vers le portugais brésilien modifie largement le texte afin d'éviter l'utilisation de telles notes et de maintenir ainsi le caractère immersif du texte original. Rappelons qu'Adorno lui-même n'utilisait pas de notes de bas de page.

---

14   À travers cette interprétation articulée autour de la notion de débordement nous cherchons à indiquer une manière concrète de penser la négativité dans les *Minima Moralia* sans la situer au-delà de la raison et du langage en tant qu'« ineffable » comme le proposent certaines interprétations, telles que celle de James Finlayson (« Adorno On The Ethical and The Ineffable », in : *European Journal of Philosophy* 10/1 (2002), p. 1–25.). Le débordement signifie que ce qui est négatif est concrètement marqué par le positif et détermine ainsi une manière concrète de sa transformation à l'intérieur du langage. En ce sens, nous cherchons également à indiquer comment le problème du passage de la contradiction logique à la contradiction pratique présenté par des commentateurs tels que celui de Rahel Jaeggi néglige le fait que la contradiction linguistique dans les *Minima Moralia* est déjà pratique dans la mesure où le langage, comme nous le soutenons ici, est en lien avec la formation sociale (cf. Jaeggi, « Kein Einzelner vermag etwas daggegen », in : Axel Honneth (Hg.), *Dialektik der Freiheit – Frankfurter Adorno Konferenz*, Frankfurt a. M., Suhrkamp Taschenbuch Verlag, 2005, p. 115–141, en particulier p. 136–137). À propos de la relation entre critique et élaboration linguistique dans l'œuvre d'Adorno en général, cf. Jordi Maiso, « Escritura y composición textual en Adorno », in : *Azafea – Revista de Filosofía* 11 (2009), p 73–96.
15   Theodor W. Adorno, *Minima Moralia* (trans. E. F. N. Jephcott), New York, Verso, 2005 [1974].
16   Theodor W. Adorno, *Minima Moralia* (trad. Gabriel Cohn), Rio de Janeiro, Beco do Azougue, 2008.

Revenons à présent au cas de l'aphorisme 20 et à son titre, « Struwwelpeter ». Remarquons tout d'abord que l'introduction des notes explicatives par la traduction pourrait casser l'immersion interprétative qui impose la juxtaposition entre titre et texte qui n'ont rien à voir l'un avec l'autre au premier regard. Les notes pourraient justement renforcer la tendance vers une lecture « explicative » et informative, qui pourrait donc interférer et même bloquer l'émergence d'une lecture par excellence non explicative, non informative, donc d'une lecture qui « déborde ». En revanche, cette lecture non informative présuppose que l'expérience du livre soit donnée, c'est-à-dire que le lecteur connaisse déjà le *Struwwelpeter*.

Ces problèmes semblent pourtant négliger le caractère dynamique de la lecture, surtout d'une lecture en débordement. D'une part, si la traduction dans cette perspective ne peut pas garantir que le livre traduit sera le même, c'est aussi précisément parce que l'expérience de la lecture de celui-ci, dans sa composition allusive et immersive, n'est pas la même aussi en allemand selon qui le lit : c'est justement après tout un trait caractéristique de l'écriture aphoristique d'être très circonstancielle, immersive, non explicative. D'ailleurs, rien n'empêche un lecteur, après s'être informé et avoir lu le *Struwwelpeter*, de revenir à l'aphorisme et de produire le débordement dont nous avons parlé auparavant. Son expérience ne sera sûrement pas la même que celle d'un Allemand ayant un lien plus intime avec ce livre mais cela ne signifie ni que ce débordement sera impossible ni qu'il ne contiendra pas d'autres nuances connectées à l'expérience d'une lecture non allemande.

Si nous ne croyons pas que l'élaboration formelle des *Minima Moralia* a pour effet la complète réfutation des formes de traductions traditionnelles, elle nous semble en même temps pointer aussi vers la possibilité de traductions créatives où la traduction à la fois en tant que phénomène d'interprétation et de création essaye de produire elle-même ce débordement immersif à travers des transformations radicales du texte original. Par exemple, ne serait-il pas possible de remplacer le titre « Struwwelpeter » par un autre qui produirait le même effet ou encore de le remplacer par le titre d'une autre œuvre destinée à l'éducation des enfants qui contient les mêmes traits de violence communicative ? Bien que cet acte de traduction créatif contienne dans ce cas précis un risque de glissement sémantique inévitable vis-à-vis du texte source, il permettrait néanmoins l'émergence de nouvelles formes d'expression et de vérité. De plus, ce risque de traduction créative rendrait possible de nouveaux débordements dans la langue de traduction, ce qui serait en fait plus fidèle à l'esprit de jeu des *Minima Moralia* que l'effort de produire une traduction plus « traditionnelle » du livre. À cet égard, pour le lecteur qui approche les *Minima Moralia* dans une perspective traductologique la propre notion de « traduction » est potentiellement poussée vers son débordement. La version traduite, au lieu d'être simplement une conversion linguistique, se présenterait comme un « débordement » du texte original en l'actualisant et en le transformant de manière créative.

Bibliographie

Adorno, Theodor W., *Minima Moralia* (trans. E. F. N. Jephcott), New York, Verso, 2005 [1974].

Adorno, Theodor W., *Minima Moralia* (trad. Gabriel Cohn), Rio de Janeiro, Beco do Azougue, 2008.

Adorno, Theodor W., *Minima Moralia*, Frankfurt a. M., Suhrkamp, ^{8}2012 [2003].

Adorno, Theodor W., « Thesen über die Sprache des Philosophen », in : *Philosophische Frühschriften*, Frankfurt a. M., Suhrkamp, ^{4}2022 [2003], p. 366–377.

Finlayson, James Gordon, « Adorno On The Ethical and The Ineffable », in : *European Journal of Philosophy* 10/1 (2002), p. 1–25.

Foucault, Michel, *Naissance de la Biopolitique*, Paris, Seuil/Gallimard, ^{1}2004.

Hoffmann, Heinrich, *Der Struwwelpeter*, Köln, Schwager & Steinlein Verlag, 2017 [1845].

Jaeggi, Rahel, « Kein Einzelner vermag etwas dagegen », in : Axel Honneth (Hg.), *Dialektik der Freiheit – Frankfurter Adorno Konferenz*, Frankfurt a. M., Suhrkamp Taschenbuch Verlag, 2005, p. 115–141.

Long, Maebh, « Aphorisms and Archipelagos: Relationality in Modernist Studies », in : Kostas Boyiopoulos et Michael Shallcross (éd.), *Aphoristic Modernity – 1880 to the Present*, Leiden, Brill Publishers, 2020, p. 190–205.

Maiso, Jordi, « Escritura y composición textual en Adorno », in : *Azafea – Revista de Filosofía* 11 (2009), p. 73–96.

Mengaldo, Elisabetta (2010), « Zitate und Bilder – Zum Verhältnis von Titel und Text in Th. W. Adornos ‚Minima Moralia' », in : *Jahrbuch der deutschen Schillergesellschaft* 54 (2010), p. 458–473.

Vásquez-Arroyo, Antonio, « Minima Humana: Adorno, Exile and the Dialectic », in : *Telos* 149. *Critical Theory of the Contemporary* 2009, p. 105–125.

Simone Lettner

Dialekt in Figurenreden von Stefan Zweigs *Ungeduld des Herzens* und *Clarissa*. Sprachkonstrukt als Mentalitätskritik

Abstract

Dieser Beitrag behandelt die Formen und Funktionen der Repräsentation des Mittelbairischen in zwei Exilwerken Stefan Zweigs, *Ungeduld des Herzens* (1939) und dem Romanfragment *Clarissa*, das von Ende 1941/Anfang 1942 stammt und erstmals 1990 herausgegeben wurde. Nach einigen Worten über Zweigs internationalen Erfolg und die damit einhergehenden zahlreichen Übersetzungen legt der Beitrag den Fokus auf Zweigs Verhältnis zum Mittelbairischen, der deutschen Sprachvarietät, von der er umgeben war, als er in Wien und in Salzburg lebte. Einige Beispiele der Repräsentation dialektaler Phänomene in Figurenreden werden vorgestellt und der Beitrag schließt mit einigen Überlegungen zur Funktion dieser Dialektrepräsentation bei Zweig.

Schlagwörter: Stefan Zweig; „Ungeduld des Herzens"; Dialekt und Literatur; Mittelbairisch; Exilliteratur

Résumé

Cet article traite des formes et des fonctions de la représentation du moyen-bavarois (Mittelbairisch) dans deux œuvres d'exil de Stefan Zweig, *La pitié dangereuse* (1939) et le roman inachevé *Clarissa*, ce dernier datant de la fin de l'année 1941 et du début de l'année 1942 a été édité pour la première fois en 1990. Après un préambule consacré au succès international de l'Œuvre de Zweig et aux nombreuses traductions réalisées à partir de celle-ci, l'article met en lumière la relation de l'auteur avec le moyen-bavarois, variété de l'allemand à laquelle il était exposé pendant les années passées à Vienne et à Salzbourg. L'article se poursuit avec l'étude de la représentation d'éléments dialectaux dans les dialogues des protagonistes et se conclut par des observations sur la fonction de cette démarche chez Zweig.

Mots-clés : Stefan Zweig ; « La pitié dangereuse » ; dialecte et littérature ; Moyen-Bavarois ; littérature exilaire

Dialekt in Werk und Leben Stefan Zweigs

Stefan Zweig ist heute ein nach wie vor in vielen Ländern der Welt rezipierter Schriftsteller; Mitte der 1930er Jahre war er überhaupt „der mit Abstand meistübersetzte Autor der Welt",[1] seine Werke wurden in mehr als sechzig Sprachen übersetzt. Zweig seinerseits beherrschte fließend Französisch, Englisch und Italienisch; er bewegte sich von jungen Jahren an regelmäßig über Staatsgrenzen hinweg, bereiste viele Länder und pflegte Kontakte zu Schriftsteller*innen, Verlegern, Übersetzer*innen und Intellektuellen unterschiedlichster Nationen. Sein angesichts dieser Umstände durchaus mit dem Schlagwort „Weltruhm" zu bezeichnender Erfolg wird aktuell in einer Wanderausstellung mit dem Titel „Stefan Zweig Weltautor" veranschaulicht, die 2021/22 im Literaturmuseum der Österreichischen Nationalbibliothek in Wien und von Februar bis Mai 2023 in Salzburg zu sehen war.[2] Es wäre also naheliegend, im gegebenen Rahmen eine Frage nach dem Stellenwert der Übersetzung für Zweigs Œuvre zu stellen. Zweig war sich der hohen Relevanz von Übersetzungen seiner Texte natürlich bewusst und weil aufgrund seiner Popularität die Büroarbeit zunehmend unübersichtlicher wurde, wurde ab 1932 das sogenannte „Hauptbuch" angelegt, das Übersetzungen seiner Werke in verschiedene Sprachen verzeichnete.[3]

Im Folgenden sollen aber stattdessen bewusst intralinguale Phänomene betrachtet werden. Österreich ist eine sehr komplexe und

---

1 Arnhilt Johanna Höfle, „Rezeption zu Lebzeiten", in: Arturo Larcati, Klemens Renoldner u. Martina Wörgötter (Hg.), *Stefan Zweig Handbuch*, Berlin/Boston, De Gruyter, 2018, S. 783–790, hier S. 787.
2 Derzeit (Stand: Juni 2024) tourt die Ausstellung durch Spanien: Nach Stationen in Madrid, Barcelona und Valencia war sie bis Mitte Juni 2024 in Murcia zu sehen (vgl. https://www.onb.ac.at/museen/literaturmuseum/programm/stefan-zweig-weltautor-wanderausstellung, Stand: 3. Juli 2024). Vgl. den dazugehörigen Sammelband: Bernhard Fetz, Arnhilt Johanna Höfle u. Arturo Larcati (Hg.), *Stefan Zweig Weltautor*, Wien, Zsolnay, 2021. Der Titel ist auch hinsichtlich Zweigs auffällig häufiger Evokation des „Welt"-Begriffs sprechend, vgl. Janina Meissner: „Das universale Erschreiben. Überlegungen zu Stefan Zweigs ‚Welt'-Rhetorik", in: *zweigheft* 25 (2021), S. 9–14.
3 Vgl. Norbert C. Wolf, „Der Großschriftsteller und sein *Hauptbuch*. Stefan Zweig als weltumspannender Literaturindustrieller", in: Bernhard Fetz, Arnhilt Johanna Höfle u. Arturo Larcati (Hg.), *Stefan Zweig Weltautor*, Wien, Zsolnay, 2021, S. 17–31. Das Hauptbuch ist als Digitalisat online einsehbar, auf stefanzweig.digital unter der Rubrik „Nachlass – Lebensdokumente" (https://stefanzweig.digital/o:szd.lebensdokumente#SZDLEB.3, Stand: 3. Juli 2024).

polyglotte Sprachlandschaft – mit heute verfassungsrechtlich geschützten Minderheitensprachen einerseits, andererseits aufgrund der Tatsache, dass Dialekt und Umgangssprache innerhalb der gegebenen sprachlichen Diaglossie[4] sehr lebendig und zentrale Ausdrucksform diverser alltagssprachlicher Kommunikationssituationen sind. Aufgrund der historischen Gegebenheiten – dem jahrhundertelangen Bestehen der Habsburgermonarchie – haben sich auch zahlreiche Fälle von Sprachkontakten mit der ungarischen Sprache und den slawischen Sprachen der umliegenden Länder[5] ergeben. In Wien kommt hierbei dem Tschechischen eine Sonderstellung zu; Wien hatte zeitweise nach Prag die zweitgrößte Anzahl an tschechisch-sprachigen Einwohnern.

Stefan Zweig war alles andere als ein Wiener Dialektautor, er war wohl auch kaum Dialektsprecher. Sein Vater stammt aus Mähren in der heutigen Tschechischen Republik, seine Mutter aus einer großbürgerlich-jüdischen, international agierenden Bankiersfamilie. Der Kosmopolitismus wurde Zweig also geradezu in die Wiege gelegt,[6] und doch ist er in Wien geboren und aufgewachsen und musste damit ein bestimmtes Verhältnis zu in Österreich gesprochenen Sprachvarietäten des Deutschen haben – ein Verhältnis, das bislang nicht untersucht wurde und das natürlich in Bezug auf gesprochene Alltagssprache auch nicht mehr untersucht werden kann. Doch interessanterweise finden sich in zwei späten Exilwerken Zweigs, insbesondere im Roman *Ungeduld des Herzens* (1939),[7] aber auch in einem ursprünglich unbetitelten Romanfragment, das 1990 unter dem Titel *Clarissa* aus dem Nachlass herausgegeben wurde,[8] in Figurenreden Dialektrepräsentationen, die Gegenstand der

---

4 Vgl. weiterführend z.B. Hannes Scheutz, „Umgangssprache als Ergebnis von Konvergenz- und Divergenzprozessen zwischen Dialekt und Standardsprache", in: Thomas Stehl (Hg.), *Dialektgenerationen, Dialektfunktionen, Sprachwandel*, Tübingen, Narr, 1999, S. 105–131.
5 Vgl. Agnes Kim, *Slawisches im Wienerischen revisited: Die Repräsentation des ‚Slawischen' in Wörterbüchern des ‚Wienerischen'*, Dissertation, Wien, 2022.
6 Vgl. Klemens Renoldner, „Biografie", in: Arturo Larcati, Klemens Renoldner, Martina Wörgötter (Hg.), *Stefan Zweig Handbuch*, Berlin/Boston, De Gruyter, 2018, S. 1–42, hier S. 2.
7 Die erste kritische Ausgabe des Romans mit umfassendem Kommentar einschließlich der Präsentation der vielen Vorstufen dieses Romanprojekts ist rezent: Stefan Zweig, *Ungeduld des Herzens*, hg. v. Stephan Resch, Wien, Zsolnay, 2021. Im Folgenden zitiert als „UdH" mit Seitenzahl in Klammern.
8 Stefan Zweig, *Clarissa*, hg. v. Knut Beck, Frankfurt a. M., Fischer, 1990. Eine kritische Neuausgabe (hg. v. Simone Lettner u. Werner Michler, Wien, Zsolnay, 2024) ist in Vorbereitung. Im Folgenden wird nicht die edierte Version von 1990 zitiert, sondern das handschriftliche Manuskript, das als Digitalisat auf stefanzweig.digital einsehbar ist (unter der

folgenden Ausführungen sein werden. Dieser Beitrag hält sich also an der Grenze von Literatur- und Sprachwissenschaft und im Hinblick auf Zweigs Exil bei der Frage sprachlicher Identitätskonstruktion im Kontext von versperrten und alternativen Sprachräumen auf. Anzumerken ist dabei, dass es auch schon in früheren Werken Zweigs zur Darstellung dialektaler Rede kommt[9] – eine vergleichende Analyse müsste aber einer größeren Untersuchung vorbehalten bleiben, in deren Rahmen Zweigs heterogene Sprachbiografie vor dem Hintergrund von Kosmopolitismus, österreichischen Lebenswelten (differenziert in die Wiener und die Salzburger Jahre) und Exilerfahrung(en)[10] zu berücksichtigen wäre.

In *Ungeduld des Herzens*, dem ersten Werk Zweigs, das im November 1938 (vordatiert auf 1939) in den Exilverlagen Allert de Lange in Amsterdam und Gottfried Berman Fischer in Stockholm erschien, berichtet der ehemalige k.u.k. Leutnant Anton Hofmiller von einer Episode aus seiner Lebensgeschichte, die sich kurz vor Ausbruch des Ersten Weltkrieges in einem kleinen Garnisonsstädtchen an der ungarischen Grenze ereignete – auch als literarisches Motiv spielt hier die Grenze eine zentrale Rolle.[11] Er forderte damals bei einer Abendgesellschaft in einem vornehmen Haus die Tochter des Hausherrn zum Tanz auf, ohne zu bemerken, dass sie gelähmt ist. Um diesen Fehltritt wiedergutzumachen und aus Mitleid besucht er daraufhin regelmäßig das Mädchen Edith, ohne zu merken, dass dieses sich in ihn verliebt, und als er es endlich doch begreift, ist er bereits tief verstrickt. Schließlich kommt es halb gegen seinen Willen sogar zu einer Verlobung, die er jedoch vor seinen Kameraden ableugnet, woraufhin Edith aus Verzweiflung Suizid begeht und Hofmiller aus dem Garnisonsstädtchen versetzt wird. Jene Figurenrede in diesem Roman, die von Hofmillers Kameraden und Vorgesetzten

---

Rubrik „Nachlass – Werke", https://stefanzweig.digital/o:szd.werke#SZDMSK.2, Stand: 3. Juli 2024), als „*C*" mit Seitenzahl in Klammern.

9   Etwa in der Erzählung *Leporella* (1928), vgl. Stefan Zweig, *Schachnovelle. Die Erzählungen 1927–1942*, hg. v. Elisabeth Erdem und Klemens Renoldner, Wien, Zsolnay, 2022, S. 103–134. Vielen Dank an Werner Michler für den Hinweis.

10 Entsprechend unterteilte auch Zweig selbst seine Biografie in „drei Leben" (die Wiener Jahre vor dem Ersten Weltkrieg, die Salzburger Zeit und die Zeit im Exil) und wollte sein Memoirenwerk *Die Welt von Gestern* zunächst „My three lives" betiteln. Vgl. Oliver Matuschek, *Stefan Zweig. Drei Leben – eine Biographie*, Frankfurt a.M., Fischer, 2006, S. 10.

11 Vgl. Margarete Wagner, „Grenzen und Grenzerfahrungen in Stefan Zweigs Roman *Ungeduld des Herzens*", in: Gabriella Rácz u. László V. Szabó (Hg.), *Der deutschsprachige Roman aus interkultureller Sicht*, Veszprém, Univ. Verlag/Wien, Praesens, 2009, S. 315–340.

in der k.u.k. Armee gesprochen wird, imitiert im Zeichen eines Militär-Soziolekts deutlich das Mittelbairische.

Im als *Clarissa* bekannt gewordenen Romanfragment, an dem Zweig in seinen letzten Lebensmonaten im brasilianischen Exil arbeitete, spielt die Handlung sich erneut wenige Wochen vor Ausbruch und dann auch während des Ersten Weltkriegs ab, ein Indiz dafür, dass Zweig gerade diese Zeit im Exil besonders intensiv beschäftigte. Clarissa ist die Hauptprotagonistin, die ein uneheliches Kind durch den Krieg zu bringen hat, dessen Vater ein Franzose und somit ab Sommer 1914 offiziell ein „Feind" ist, und die aus diesem Grund eine Scheinehe mit einem sogenannten „Kriegszitterer",[12] also einem von der Front psychisch versehrt zurückgekommenen Soldaten namens Gottfried Brancovic[13] eingeht. Brancovic betätigt sich als Schmuggler im illegalen internationalen Warenhandel und arbeitet dafür mit einem Mann namens Alois Huber zusammen, der insgesamt als sehr unsympathisch gezeichnet wird. Ein wesentliches Charakteristikum dieses Alois Huber ist seine Ausdrucksweise, mit der Zweig erneut auf das Mittelbairische rekurriert.

Im Folgenden möchte ich ausgewählte Spezifika des Mittelbairischen anhand der Figurenreden in *Ungeduld des Herzens* und in *Clarissa* vorstellen, ehe ich abschließend kurz über die mögliche Funktion, die der Dialektrepräsentation in diesen beiden Texten zukommt, nachdenken möchte. Vorauszuschicken ist, dass hier die Zuschreibung des „Mittelbairischen" nicht weiter ausdifferenziert werden kann, obwohl es natürlich wichtige regionale und soziale Unterschiede gibt.

Dialektale Figurenrede in *Ungeduld des Herzens* und *Clarissa*

Stephan Resch spricht im Anhang seiner kritischen Edition von *Ungeduld des Herzens* zwar von „Austriazismen" und von „typisch

---

[12] Vgl. Susanne Hahn, „Ernst Weiß *Mensch gegen Mensch* und Stefan Zweigs *Clarissa*: Parallelen und Tangenten im Lebensweg der Schriftsteller und medizinrelevante Reflexionen in diesen Werken zum Ersten Weltkrieg", in: Albrecht Scholz u. Caris-Petra Heidel (Hg.), *Das Bild des jüdischen Arztes in der Literatur*, Frankfurt a. M., Mabuse, 2002, S. 80–91, hier S. 85–86. Weiterführend von Interesse bei der Untersuchung dieser Figur in Zweigs Romanfragment ist auch Anna Seidl, „Tanz des Lebens – Tanz des Todes. Hysterische Frauen und Kriegszitterer", in: Rita Rieger (Hg.), *Bewegungsfreiheit. Tanz als kulturelle Manifestation (1900–1950)*, Bielefeld, transcript, 2017, S. 137–158.

[13] In der Leseausgabe im Fischer Verlag trägt der Protagonist den Namen „Brancoric", worin ihr die geplante kritische Neuedition nicht folgen wird, da das vermeintliche „r" mit gleichem Recht und aus guten Gründen als „v" gelesen werden kann.

österreichische[n] Eigenheiten" (*UdH*, S. 471),[14] aber dass sich tatsächlich für alle linguistischen Beschreibungsebenen – Phonologie, Morphologie, Syntax und Lexik – dialektspezifische Eigenheiten finden lassen, wird nicht eigens thematisiert.[15]

Von der Ebene der Phonologie kann zugegeben nur in eingeschränkter Weise die Rede sein, indem die grafische Realisierung der Worte als Repräsentation der dialektalen Laute verstanden wird. Ein Beispiel sei hier angeführt: Die Negationspartikel „Nein" wird im gesamten deutschen Sprachgebiet umgangssprachlich abgewandelt realisiert; im oberdeutschen Sprachraum lautet die mündliche Verneinungsform „Na(a)". In den fraglichen Texten Zweigs kommt hingegen auch in der Figurenrede meist die standardsprachliche Version als „Nein" vor – „Na" wird dagegen in den meisten Fällen als Diskurspartikel gebraucht. Es gibt allerdings Ausnahmen: So tritt in *Ungeduld des Herzens* in der Figurenrede des Dienstmädchens von Doktor Condor, das als bildungsferne Figur böhmischer Herkunft skizziert wird, „Na" eindeutig als Verneinung auf:

> Aber lässig schlurft mir das Dienstmädchen entgegen, das bunte Aufräumetuch um den Kopf, der Herr Doktor sei nicht zu Hause. Ob ich auf ihn warten könnte? „Na, vor Mittag kommt er net." Ob sie wisse, wo er sei? „Na, waaß net. Er geht von einem zum andern." (*UdH*, 445)

Umgekehrt wird die Diskurspartikel „Na" stellenweise auch grafisch als „No" umgesetzt, um auf die für das Bairische typische Vokalverdumpfung von <a> hinzuweisen, z.B.: „Ich halte dem Blick nicht stand. ‚Mein Ehrenwort, Herr Oberst.' ‚No, dann is gut.'" (*UdH*, 442); „No dann hat ers halt nicht schreiben wollen. I bin der Huber und komm von ihrem [sic] Mann." (*C*, 88). Im zweiten Beispiel zeigt sich darüber hinaus eine weitere für die phonologische Ebene typische Erscheinung des Bairischen, die Elision des nach einem Vokal auslautenden Frikativs <ch> [ç], die in der 1.Pers.Sg. des Personalpronomens (*ich* > *i*) besonders signifikant ist.

Tilgungen des unbetonten <e> [ə] in Vor- und Endsilben gelten ebenfalls als mittelbairisch-österreichisches Charakteristikum, und hierfür finden sich in den beiden Texten Zweigs zahlreiche Beispiele, vgl. etwa:

---

14 Ebenfalls knapp erwähnt werden Austriazismen in Iris Himmlmayr, „Stefan Zweig, das Alte Österreich und der Erste Weltkrieg: *Ungeduld des Herzens*", in: Karl Müller (Hg.), *Stefan Zweig – neue Forschung*, Würzburg, Königshausen & Neumann, 2012, S. 49–71, hier S. 58.

15 Ich möchte mich an dieser Stelle sehr herzlich bei Hannes Scheutz für die sorgfältige Durchsicht dieses Abschnitts und wichtige linguistische Hinweise bedanken.

Dialekt in *Ungeduld des Herzens* und *Clarissa* 67

„die Gnad" (*UdH*, 80), „g'hört" (*UdH*, 83), „zusamm'patzt" (*UdH*, 86), „b'soffen" (*UdH*, 439), oder „kein heuriger Has" (*UdH*, 442).

Auf morphologischer Ebene fallen zahlreiche Diminutivformen als salientes Merkmal auf; so sind im *Clarissa*-Manuskript etwa die Formen „Flascherln", „ein Taferl Chocolade" und „ein Häuserl" zu finden (*C*, 92). Zudem erweitern viele feminine Substantiva, die standardsprachlich auf <e> enden, im Bairischen in den Singularformen den Stamm um <n>,[16] und dieses Merkmal wird von Zweig sehr konsequent sowohl in *Ungeduld des Herzens* als auch in *Clarissa* übernommen. Stellvertretend für viele andere Beispiele seien genannt: „deine noble Dosen" (*UdH*, 83), „in der Unterhosen" (*UdH*, 300), „Eine Kisten" (*C*, 92) und „in der Taschen liegen" (*C*, 95). Ein weiteres Merkmal auf der morphologischen Ebene betrifft den Dativ-Akkusativ-Synkretismus in den nominalen Pluralformen, wobei es sich nur um einen formalen Synkretismus handelt – die Formen von Dativ und Akkusativ fallen zwar zusammen, aber ihre getrennte Funktion ist dennoch gewährleistet.[17] Beispiele dafür sind in Zweigs Texten mehrfach zu finden, vgl. etwa „zu die andern" (*UdH*, 318), „beim Polo hat man's mit bessere Leut zu tun" (*UdH*, 321), „wer von die Unsrigen war dabei?" (*UdH*, 438). Dieses Phänomen kommt auch in der höflichen Anredeform zum Tragen, wofür sich bei Zweig ebenfalls Belege finden: So sagt Alois Huber etwa zu Clarissa: „[...] dann stör ich Ihnen gar nicht, gnä Frau" (*C*, 89). Zusätzlich kann sich anhand der höflichen Anrede eine weitere dialektale Besonderheit äußern, nämlich der Gebrauch der Personalpronomina anstelle des Reflexivpronomens: „sorgens Ihnen nicht!" (*C*, 89), „So, da können's Ihna setzen!" (*UdH*, 335).

Im Übergang zwischen Morphologie und Syntax begegnet das Phänomen der flektierten Konjunktionen, das in Anbetracht der Tatsache, dass Konjunktionen gemeinhin als nicht flektierbar gelten,[18] ein Paradoxon zu sein scheint. Nun ist es aber so, dass in einigen germanischen Dialekten und gerade auch im Mittelbairischen die verbale Flexionsendung der 2.Pers.Sg. und 2.Pers.Pl. offenbar an nebensatzeinleitenden Konjunktionen auftritt.[19] Als pronominale Anfügung (Enklise) an die

---

16 Vgl. Ludwig Merkle, *Bairische Grammatik*, München, dtv, 1976, S. 94.
17 Vgl. ebd., S. 98.
18 Vgl. Karsten Rinas, „Zur Genese flektierender Konjunktionen", in: *Sprachwissenschaft* 31/2 (2006), S. 113–157, hier S. 114.
19 Vgl. Josef Bayer, „Comp in Bavarian Syntax", in: *The Linguistic Review* 3/3 (1984), S. 209–274.

Konjunktion wäre diese Konstruktion dann zu interpretieren, wenn das Pronomen der 2.Pers. als Subjekt nicht overt aufscheint: *(ich wollte wissen,) obs ins Kino gehts*. Allerdings sind auch Fälle zu registrieren, in denen diese Erscheinung in Kombination mit einer pronominalen Vollform auftritt: *(ich wollte wissen,) obs es (= ihr) ins Kino gehts*. Die Tatsache, dass diese Fälle von Dialektsprecher*innen nicht als ungrammatisch empfunden werden, legt nahe, dass hier die Endung an der Konjunktion als Flexion analysiert wird. Die Hintergründe dessen wurden linguistisch breit diskutiert,[20] hier aber ist nur festzuhalten, dass Zweig in seinen dem Dialekt nachempfundenen Figurenreden ebenfalls versucht, diese spezielle Erscheinung nachzubilden, wobei zu beobachten ist, dass ihm dies nicht gut gelingt: In vielen Fällen bildet er eine ungrammatische Form, weil er z.B. sowohl das Enklitikon als auch die Vollform des Personalpronomens wegfallen lässt („Und dir erzähl ich's bloß, damit begreifst, dass...", *UdH*, 320, korrekt wäre *damit-st (du) begreifst*), oder indem er das für das Enklitikon in der 2.P.Sg. unentbehrliche <s> weglässt: „wenn d' kommst, dann kommst eben" (*UdH*, 328), anstelle von *wenn-st kommst*. Solche Belege sind ein Hinweis auf Zweigs soziale Entfernung zu jenen Figuren (und den von ihnen repräsentierten Lebensrealitäten), die er in seinen Werken Dialekt sprechen lässt.

Für die Ebene der Syntax sei nur ein Beispiel erwähnt: In der Umgangssprache ist es im süddeutschen Raum üblich, die Perfektform bei einigen Zustands- und Bewegungsverben wie „sitzen" und „stehen" mit „sein" anstelle von „haben" zu bilden. Diese Formen sind so geläufig, dass Peter Wiesinger sie auch für die standardsprachliche Varietät des österreichischen Deutsch (gemäß dem Konzept vom Deutschen als plurizentrischer bzw. pluriarealer Sprache) anführt.[21] Bei Zweig, der sich vor den Exiljahren stark an Deutschland orientierte und bis 1933 im Insel Verlag mit damaligem Sitz in Leipzig veröffentlichte, findet sich in *Ungeduld des Herzens* im Erzählerbericht durchgängig die Perfektbildung mit „haben", aber in Figurenreden tritt dementsprechend mehrfach die Perfektform mit „sein" auf.[22]

---

20 Für einen Forschungsüberblick bis in die frühen 2000er Jahre vgl. Rinas, „Zur Genese flektierender Konjunktionen", S. 114–122 u. S. 137–142.
21 Vgl. Peter Wiesinger, *Das österreichische Deutsch in Gegenwart und Geschichte*, Wien, Lit, ³2014, S. 16.
22 Vgl.: „In diesem Moment bemerkte ich auch, dass die Blinde völlig reglos neben mir gestanden hatte. [...] Sie lächelte mich an. ‚Das macht doch nichts, dass ich ein bisschen gestanden bin.'" *UdH*, 449.

In Bezug auf die Lexik finden sich einerseits überregional gebräuchliche Wörter wie die im gesamten oberdeutschen Raum verbreiteten Ausdrücke „Bub" oder „Bursch"[23] (z.B. *UdH*, 316, 590, 592) anstelle von „Junge", andererseits aber auch regional eingeschränktere Beispiele wie etwa die Redewendung „(aufpassen) wie ein Haftelmacher" (*UdH*, 300), die der *Atlas zur deutschen Alltagssprache* als in Österreich, der Schweiz und Bayern vorkommend dokumentiert.[24] Ein Beispiel für ein geografisch noch beschränkteres Sprachphänomen ist der Begriff „Fetzen" in der Bedeutung (Putz-)Lumpen,[25] den Huber im Gespräch mit Clarissa gebraucht (*C*, 89).

In die an den Dialekt angelehnte Figurenrede sind auch Fremdwörter, z.B. Lehnwörter aus dem Französischen, integriert, wobei die orthografisch deviante Realisierung wohl eine sozial konnotierte Einbettung in die Sprachvarietät des Sprechers anzeigen soll: „wenn'st Courasch hast, tust mir sogar einen G'fallen damit" (*UdH*, 381; dies ist im Übrigen ein Beispiel für eine korrekt umgesetzte Konjunktionalenklise). Zu bemerken ist, dass es sich um die Imitation milieusprachlicher Phänomene handelt, die auch in anderen österreichischen Werken von Zeitgenossen Zweigs, die sich der k.u.k. Armee widmen, zu finden sind – etwa in Karl Kraus' *Die letzten Tage der Menschheit* (1915–1922).

Dialektrepräsentation als Mentalitätskritik

Abschließend sei die Frage nach einer möglichen Funktion der Dialektrepräsentation in den beiden untersuchten Texten Zweigs gestellt. Der historische Kontext ihrer Entstehung ist das vorübergehende Ende der Existenz Österreichs und die Exilsituation des Autors mit dem dezidierten Selbstverständnis eines „Weltbürgers". Weder die Annahme, die Sigurd Paul Scheichl in Bezug auf Jura Soyfers literarische Dialektrepräsentation formuliert hat, nämlich dass die spezifisch österreichische Sprachvarietät als Widerstand gegen Hitler-Deutschland zu verstehen sei,[26] noch die Erklärung der Sprachbesonderheiten mit einer allgemeinen Nostalgie oder Sehnsucht nach dem Verlorenen erweisen sich in Zweigs Fall als adäquat.

---

23 Vgl. Stephan Elspaß u. Robert Möller: *Atlas zur deutschen Alltagssprache*: https://www.atlas-alltagssprache.de/runde-1/f01/ (Stand: 3. Juli 2024).
24 Vgl. https://www.atlas-alltagssprache.de/r11-f6f/?child=runde (Stand: 3. Juli 2024).
25 Vgl. https://www.atlas-alltagssprache.de/runde-2/f05/ (Stand: 3. Juli 2024).
26 Vgl. Sigurd Paul Scheichl, „Zur Funktion wienerischer Redeweisen im Werk Jura Soyfers", in: Herbert Arlt (Hg.), *Grenzüberschreitungen, Gattungen, Literaturbeziehungen. Jura Soyfer*, St. Ingbert, Röhrig, 1995, S. 186–199.

Mit Blick auf die Figurenkonstellation fällt auf, dass in *Ungeduld des Herzens* eine klare Opposition zwischen der Welt des Militärs und jener der reichen Familie der Kekesfalvas besteht. Hofmiller schwankt deutlich zwischen diesen beiden Welten, was die Tragik der Handlung ausmacht. „Beide Welten nebeneinander können nicht existieren, sie schließen einander aus",[27] bemerkt Iris Himmlmayr dazu. In gleichem Maße, in dem er sich der jüdischen Familie zuwendet und zunehmend Teil von ihr wird, entfernt Hofmiller sich vom sozialen Milieu seiner Kameraden, leugnet vor diesen aber letztendlich aus Feigheit seine Zugehörigkeit zur „anderen Welt".

Michail Bachtins Konzept der Mehrsprachigkeit des Romans erweist sich hier als weiterführend, denn das spezifische „Stimmengewirr" dieses Romans, zu dem neben Imitationen verschiedener Sprachvarietäten durchaus auch ironische Brüche gehören, erzeugt eine Distanz zwischen dem vom Erzähler Beschriebenen und einer noch dahinter gelagerten Erzählhaltung.[28] Diese Distanzhaltung bezieht sich in erster Linie auf jene Welt, die prädestiniert für die Dialektrepräsentation ist, diejenige des Militärs.[29] Zweig hatte selbst im Ersten Weltkrieg durch seinen Dienst im Kriegsarchiv Erfahrungen mit dem Militär gesammelt und darauf geht womöglich u.a. der Rückgriff auf den Dialekt zurück. Die Stelle im Kriegsarchiv wurde ihm von Franz Karl Ginzkey vermittelt,[30] der Zweig später durch seine Inklination zum Nationalsozialismus schwer enttäuschen sollte. In der *Welt von Gestern* erwähnt Zweig eine Episode, in der Ginzkey ihn auf der Straße absichtlich nicht erkennen wollte, obwohl sie jahrzehntelang befreundet gewesen waren.[31] Als Zweig 1934

---

27 Himmlmayr, „Stefan Zweig, das Alte Österreich und der Erste Weltkrieg", S. 68.
28 Vgl. Michail M. Bachtin, „Das Wort im Roman", in: Ders., *Die Ästhetik des Wortes*, hg. v. Rainer Grübel, Frankfurt a. M., Suhrkamp, 1979, S. 154–300, hier insbesondere S. 190–191.
29 Nur am Rande angemerkt sei hier, dass auch der von der ungarisch-slowakischen Grenze stammende Jude Kekesfalva sich an einer Stelle plötzlich einer ans Ostmittelbairische angelehnten Ausdrucksweise bedient (vgl. *UdH*, S. 152–153). Die Untersuchung der jüdischen Sprachen in diesem Roman stellt einen eigenen Themenkomplex dar, auf den hier nicht eigens eingegangen werden kann.
30 Vgl. Klaus Heydemann, „Der Titularfeldwebel. Stefan Zweig im Kriegsarchiv", in: Dokumentationsstelle für neuere österreichische Literatur (Hg.), *Stefan Zweig 1881/1981. Aufsätze und Dokumente*, Zirkular Sondernummer 2 (1981), S. 19–55.
31 Stefan Zweig, *Die Welt von Gestern. Erinnerungen eines Europäers*, hg. v. Oliver Matuschek, Frankfurt a. M., Fischer, 2017, S. 403–404. Vgl. auch den Stellenkommentar auf S. 618.

Dialekt in *Ungeduld des Herzens* und *Clarissa* 71

Salzburg verließ, hatte er genug von der dort herrschenden Atmosphäre der Verlogenheit und des Antisemitismus:

> [I]ch habe gegen Salzburg einen unüberwindbaren Widerwillen, ich kann einfach die Gesichter nicht mehr sehen und fühle mich dort grässlich allein. Vielleicht war es ein Geschenk Hitlers an mich, denn ich war schon auf dem Punkt in Salzburg zu verbauern und mich einer engen Welt anzupassen, in die ich nicht gehöre.[32]

In diesem Sinne ist das Mittel, im Schreiben aus dem Exil literarische Figuren auftreten zu lassen, die aufgrund ihrer sprachlichen Ausdrucksweise einem vergleichbaren Milieu der konservativen „Eingesessenen" zuzurechnen sind, bezeichnend. Auf den Antisemitismus im Militär (und jenseits davon) gibt es in *Ungeduld des Herzens* einige Hinweise,[33] und zwischen dem tollpatschigen und feigen Hofmiller der Binnenhandlung von 1914, der sich ähnlich wie Ginzkey nicht zu seinen Freunden bekennen kann, und jenem Hofmiller, der in der Rahmenhandlung von 1938 als geläuterter Ex-Militär seine Geschichte erzählt, bestehen grundlegende Differenzen. Zugleich wird aber aufgrund der Verschränkung von der Rahmen- und der Binnenhandlung im Roman ein deutlicher Bezug zwischen dem Jahr 1914 und der Situation im Jahr 1938 hergestellt.

Auch im *Clarissa*-Romanfragment ist die Figur des Dialektsprechers Alois Huber aufschlussreich, handelt es sich doch um einen unsympathischen Kriegsprofiteur, der mit illegalen Geschäften Schwarzgeld anhäuft, während an der Front die Massen sterben, und der sprachlich mit allen Facetten des scheinheilig-unterwürfigen Kaufmanns ausgestattet wird, etwa auch mit dem „auffällige[n] anbiedernde[n] Konjunktiv von Händlern und Lieferanten".[34]

Die Dialektrepräsentation trägt damit zweifelsohne zum Lokalkolorit der beiden Romanprojekte bei, aber dies ist dem hier vorgeschlagenen

---

32 Stefan Zweig an Schalom Asch, Frühjahr 1934. Zit. n. Renoldner, „Biografie", S. 31. Es handelt sich um eine Stelle aus einem unveröffentlichten Brief im Nachlass von Schalom Asch in der Houghton Library der Universität Harvard in Cambridge, Massachusetts. Mein herzlicher Dank gilt Klemens Renoldner für die Auskunft.
33 Vgl. *UdH*, S. 80, S. 132–133, S. 188–189, S. 416–417, S. 424–425. Vgl. zudem die noch stärker von antisemitischen Ressentiments gefärbten Notizen und Textversionen in den Vorstufen zu Zweigs Romanprojekt im Anhang, *UdH*, S. 538–540, S. 549–551 u. S. 586–593.
34 Oswald Panagl, „‚Ist eine Wienerische Maskerad' und weiter nichts?' Sprachfärbung und lokales Milieu in den Wiener Musikdramen von Strauss-Hofmannsthal", in: *Richard-Strauss-Blätter* 42 (1999), S. 79–90, hier S. 83. Ein Beispiel für diesen Konjunktivgebrauch in *Clarissa* sei hier nicht vorenthalten: „‚Dänische hätt ich. Eine Kisten'" (*C*, 92).

Verständnis zufolge nicht als positiv oder harmlos zu werten, sondern geht einher mit einer verdeckt wirksamen Mentalitätskritik nicht zuletzt an jener Haltung in Österreich, die zum „Anschluss" hatte führen können und der Zweig im Exil mit Bitterkeit den Rücken kehrte.

Literaturangaben

Bachtin, Michail M., „Das Wort im Roman", in: Ders., *Die Ästhetik des Wortes*, hg. v. Rainer Grübel, Frankfurt a. M., Suhrkamp, 1979, S. 154–300.

Bayer, Josef, „Comp in Bavarian Syntax", in: *The Linguistic Review* 3/3 (1984), S. 209–274.

Fetz, Bernhard, Arnhilt Johanna Höfle u. Arturo Larcati (Hg.), *Stefan Zweig Weltautor*, Wien, Zsolnay, 2021.

Hahn, Susanne, „Ernst Weiß *Mensch gegen Mensch* und Stefan Zweigs *Clarissa*: Parallelen und Tangenten im Lebensweg der Schriftsteller und medizinrelevante Reflexionen in diesen Werken zum Ersten Weltkrieg", in: Albrecht Scholz u. Caris-Petra Heidel (Hg.), *Das Bild des jüdischen Arztes in der Literatur*, Frankfurt a. M., Mabuse, 2002, S. 80–91.

Heydemann, Klaus, „Der Titularfeldwebel. Stefan Zweig im Kriegsarchiv", in: Dokumentationsstelle für neuere österreichische Literatur (Hg.), *Stefan Zweig 1881/1981. Aufsätze und Dokumente, Zirkular Sondernummer* 2 (1981), S. 19–55.

Himmlmayr, Iris, „Stefan Zweig, das Alte Österreich und der Erste Weltkrieg: *Ungeduld des Herzens*", in: Karl Müller (Hg.), *Stefan Zweig – neue Forschung*, Würzburg, Königshausen & Neumann, 2012, S. 49–71.

Höfle, Arnhilt Johanna, „Rezeption zu Lebzeiten", in: Arturo Larcati, Klemens Renoldner u. Martina Wörgötter (Hg.), *Stefan Zweig Handbuch*, Berlin/Boston, De Gruyter, 2018, S. 783–790.

Kim, Agnes, *Slawisches im Wienerischen* revisited*: Die Repräsentation des ‚Slawischen' in Wörterbüchern des ‚Wienerischen'*, Dissertation, Wien, 2022.

Matuschek, Oliver, *Stefan Zweig. Drei Leben – eine Biographie*, Frankfurt a.M., Fischer, 2006.

Meissner, Janina, „Das universale Erschreiben. Überlegungen zu Stefan Zweigs ‚Welt'-Rhetorik", in: *zweigheft* 25 (2021), S. 9–14.

Merkle, Ludwig, *Bairische Grammatik*, München, dtv, 1976.

Panagl, Oswald, „,Ist eine Wienerische Maskerad' und weiter nichts?' Sprachfärbung und lokales Milieu in den Wiener Musikdramen von Strauss-Hofmannsthal", in: *Richard-Strauss-Blätter* 42 (1999), S. 79–90.

Renoldner, Klemens, „Biografie", in: Arturo Larcati, Klemens Renoldner u. Martina Wörgötter (Hg.), *Stefan Zweig Handbuch*, Berlin/Boston, De Gruyter, 2018, S. 1–42.

Rinas, Karsten, „Zur Genese flektierender Konjunktionen", in: *Sprachwissenschaft* 31/2 (2006), S. 113–157.

Scheichl, Sigurd Paul, „Zur Funktion wienerischer Redeweisen im Werk Jura Soyfers", in: Herbert Arlt (Hg.), *Grenzüberschreitungen, Gattungen, Literaturbeziehungen. Jura Soyfer*, St. Ingbert, Röhrig, 1995, S. 186–199.

Scheutz, Hannes, „Umgangssprache als Ergebnis von Konvergenz- und Divergenzprozessen zwischen Dialekt und Standardsprache", in: Thomas Stehl (Hg.), *Dialektgenerationen, Dialektfunktionen, Sprachwandel*, Tübingen, Narr, 1999, S. 105–131.

Seidl, Anna, „Tanz des Lebens – Tanz des Todes. Hysterische Frauen und Kriegszitterer", in: Rita Rieger (Hg.), *Bewegungsfreiheit. Tanz als kulturelle Manifestation (1900–1950)*, Bielefeld, transcript, 2017, S. 137–158.

Wagner, Margarete, „Grenzen und Grenzerfahrungen in Stefan Zweigs Roman *Ungeduld des Herzens*", in: Gabriella Rácz u. László V. Szabó (Hg.), *Der deutschsprachige Roman aus interkultureller Sicht*, Veszprém, Univ. Verlag/Wien, Praesens, 2009, S. 315–340.

Wiesinger, Peter, *Das österreichische Deutsch in Gegenwart und Geschichte*, Wien, Lit, [3]2014.

Wolf, Norbert C., „Der Großschriftsteller und sein *Hauptbuch*. Stefan Zweig als weltumspannender Literaturindustrieller", in: Bernhard Fetz, Arnhilt Johanna Höfle u. Arturo Larcati (Hg.), *Stefan Zweig Weltautor*, Wien, Zsolnay, 2021, S. 17–31.

Zweig, Stefan, *Clarissa*, hg. v. Knut Beck, Frankfurt a. M., Fischer, 1990.

Zweig, Stefan, *Die Welt von Gestern. Erinnerungen eines Europäers*, hg. v. Oliver Matuschek, Frankfurt a. M., Fischer, 2017.

Zweig, Stefan, *Ungeduld des Herzens*, hg. v. Stephan Resch, Wien, Zsolnay, 2021.

Zweig, Stefan, *Schachnovelle. Die Erzählungen 1927–1942*, hg. v. Elisabeth Erdem u. Klemens Renoldner, Wien, Zsolnay, 2022.

Weblinks

Zu Stefan Zweigs *Hauptbuch*: https://stefanzweig.digital/o:szd.lebensdokumente#SZDLEB.3 (Stand: 3. Juli 2024)

Zum Romanfragment *Clarissa* (Digitalisat des Notizbuchs): https://stefanzweig.digital/o:szd.werke#SZDMSK.2_(Stand: 3. Juli 2024)

Informationen zur Sonderausstellung „Stefan Zweig Weltautor": https://www.onb.ac.at/museen/literaturmuseum/programm/stefan-zweig-weltautor-wanderausstellung (Stand: 3. Juli 2024)

Elspaß, Stephan u. Robert Möller: *Atlas zur deutschen Alltagssprache*: https://www.atlas-alltagssprache.de/ (Stand: 3. Juli 2024)

Geronimo Groh

„Auf Glück, Verwandten, Freund und Zeit": une épigramme du poète François Maynard (1582 – 1646) traduite en allemand par Barthold Heinrich Brockes (1680 – 1747)

Résumé

Le but de cette contribution est d'étudier les stratégies employées par Barthold Heinrich Brockes (1680–1747) pour traduire une épigramme du poète toulousain François Maynard (1582–1646). Ce faisant, nous prêterons une attention particulière aux phénomènes de continuité et de rupture avec la tradition rhétorico-poétique. Cette analyse des trois différentes traductions que Brockes soumit en 1715 aux membres de la *Teutsch-übende Gesellschaft* a permis de relever différentes stratégies employées par le traducteur pour restituer le sens et la forme du texte original.

Mots-clés : Brockes ; François de Maynard ; poésie baroque ; XVIe siècle ; XVIIe siècle

Abstract

Dieser Artikel hat sich zum Ziel gesetzt, die von Barthold Heinrich Brockes (1680–1747) angewandten Übersetzungsstrategien bei der Übertragung eines Epigramms des Toulouser Dichters François Maynard (1582–1646) zu analysieren. Hierbei sollen Kontinuität und Bruch mit der rhetorischen Dichtungspraxis besonders berücksichtigt werden. Bei näherer Betrachtung der drei unterschiedlichen Übersetzungen, die Brockes im Jahre 1715 seinen Kollegen der Hamburger *Teutsch-übenden Gesellschaft* vorlegte, stellt sich heraus, dass er verschiedene Methoden einsetzte, um Form und Inhalt des Originaltextes wiederzugeben.

Schlagwörter: Brockes; François de Maynard; Barockdichtung; 16. Jahrhundert; 17. Jahrhundert

Une traduction entre baroque et classique ?

Le poète toulousain François Maynard (1582–1646) compte parmi les grands noms de la littérature du « beau XVIe siècle », époque associée à l'émergence et au triomphe d'idéaux stylistiques classiques dans le royaume de France. Inspiré dans un premier temps par le style extravagant, festif, enjoué et „baroque" de Pierre Ronsard (1524–1585), il devint par la suite l'un des plus fidèles disciples de François de Malherbe (1555–1628), figure de proue du purisme linguistique français. Privilégiant des formes brèves, il excellait notamment dans le genre du sonnet et de l'épigramme. Fidèle aux préceptes de son maître Malherbe, Maynard maniait un vers classique, gracieux et élégant. Dans la préface à ses œuvres parue en 1646 chez le libraire Augustin Courbé, le romancier Marin le Roy de Gomberville (1600–1674) fait l'éloge de ce poète qui sut offrir à son siècle « la gloire d'avoir plus d'un Malherbe ».[1] Jouissant d'une excellente réputation malgré le caractère acerbe et grivois de certaines de ses productions, il fut nommé membre de *l'Académie française* en 1634. Rejeté du monde de la cour et des salons mondains vers la fin de sa vie (notamment en raison d'une querelle avec le cardinal de Richelieu), il s'exila à Saint-Céré et à Aurillac où il composa des épigrammes mélancoliques dont celle qui fut traduite bien des années plus tard par le poète hambourgeois Barthold Heinrich Brockes (1680–1747) :

> Las d'esperer & de me plaindre
>
> Des Muses, des grands & du sort,
>
> C'est icy que i'attends la mort,
>
> Sans la désirer ny la craindre.

L'épigramme de Maynard traduite par Brockes s'inscrivait dans la tradition des poèmes d'adieu au monde et aux mondanités qui connurent un franc succès à l'époque moderne. Le poète aurait gravé ces vers au-dessus de la porte menant à son cabinet, associant ainsi ce beau texte à sa biographie personnelle.[2] Il ne serait donc pas tout à fait absurde de reconnaître une dimension subjective et autobiographique à cette épigramme, tout en gardant à l'esprit que les productions littéraires de cette époque ne

---

1 François Maynard, *Les Œuvres de Maynard*, éd. Augustin Courbé, Paris, 1646, p. 12.
2 Cf. Barthold Heinrich Brockes, *Selbstbiographie. Verdeutschter Bethlehemitischer Kinder-Mord. Werke 1*, édition établie par Jürgen Rahje, Göttingen, Wallstein, 2012, p. 687.

sauraient correspondre à notre idéal moderne d'une esthétique „autonome" au sens goethéen du terme (*Autonomieästhetik*).

Ce serait aussi oublier qu'une partie de ce quatrain est également une traduction – ou du moins une réécriture – d'un vers de Martial : « *summum nec metuas diem, nec optes* ».[3] François Maynard a donc ici agi conformément au principe de l'*aemulatio* en copiant, retranscrivant, adaptant, réécrivant et complétant le texte source. La traduction ainsi obtenue renvoyait au texte original tout en pointant vers un „au-delà" ou, dit autrement, vers la „trahison" commise à l'égard du poète traduit. Dans ce jeu de travestissement, le traducteur pouvait brouiller les pistes, tromper le lecteur en escamotant toute référence au modèle imité et dissimuler le texte source (*dissimulatio*).[4] Illusion, confusion, déformation, falsification et faux-semblants : ce sont bien là les éléments que l'on associe – à tort ou à raison – au "baroque" littéraire. On serait tenté de citer ici l'universitaire Jean Rousset (1910 – 2002) qui, en s'appuyant sur les propos du jésuite Mateo Pellegrini, s'exclamait : « la suprême virtuosité sera d'offrir une idée qui se dérobe sous une autre ».[5] En réalité, la pratique de la traduction faisait partie de la formation intellectuelle des poètes-rhétoriqueurs de l'époque moderne. Traduire permettait au poète de s'exercer à la pratique de différents styles littéraires, d'intégrer de nouveaux termes et de nouveaux artifices dans son propre langage poétique ainsi que de se mesurer à l'auteur traduit. Les traductions de Brockes s'inscrivent également dans cette tradition rhétorique, elles faisaient partie de ce que le poète hambourgeois qualifiait dans son autobiographie de « *studio poetico* ».[6] Avant de produire ses traductions du quatrain de Maynard, il s'était déjà illustré brillamment en composant des épithalames, des sérénades[7] et l'oratorio *Der für die Sünde der Welt gemarterte und sterbende Jesus* (1712), mis en musique par le compositeur Reinhard Keiser (1674–1739). En 1715, il acheva la traduction (ou réécriture) de *La strage degli innocenti* (*Le Massacre des Saints Innocents*) de Giambattista Marino (1569–1625), qui connut plus

---

3   Louis De Jaucourt, « Toulouse », in : Antoine-Claude Briasson, Michel-Antoine David, Laurent Durant et André Le Breton (éd.), *Encyclopédie, ou Dictionnaire raisonné des sciences, des arts et des métiers*, volume 16, Paris, 1765, p. 452.
4   Harold P. Fry, *Physics, Classics, and the Bible. Elements of the Secular and the Sacred in Barthold Heinrich Brockes' Irdisches Vergnügen in Gott (1721)*, New York, Lang, 1990, p. 12.
5   Jean Rousset, *L'Aventure baroque*, Carouge, éditions ZOE, 2006, p. 35.
6   Fry, *Physics, Classics, and the Bible*, p. 48.
7   Cf. Laure Gauthier, *L'Opéra à Hambourg (1648–1728) – Naissance d'un genre, essor d'une ville*, Paris, Sorbonne Université Presses, 2009, p. 377.

de cinq rééditions du vivant de l'auteur sous le titre *Der Bethlehemitische Kinder-Mord* et qui, d'après certains critiques, aurait surpassé son modèle en termes de qualité poétique. C'est durant la même année (1715) que Michael Richey (1678–1761), Johann Albert Fabricius, (1678–1761), Johann Ulrich von König (1688–1744), Barthold Heinrich Brockes et Samuel Triewald (1688–1742), tous membres fondateurs de la *Teutsch-übende Gesellschaft*, présentèrent leurs propositions de traduction de l'épigramme de Maynard à l'occasion d'une séance de cette société philologique. Brockes proposa pour sa part trois traductions différentes, ce dont témoignent les actes de la *Teutsch-übende Gesellschaft*. La constitution de cette société philologique prévoyait que chacun de ses membres se spécialise en une langue précise à traduire (l'italien, le grec ancien, le néerlandais, l'espagnol, l'anglais, etc.).[8] Le français avait une place à part puisque chaque poète-membre de la *Teutsch-übende Gesellschaft* pouvait, quel que soit sa « spécialité », traduire des œuvres écrites dans cette langue. Bien qu'ayant opté pour la langue italienne, Brockes traduisait en réalité majoritairement des textes français pour la *Teutsch-übende Gesellschaft*. La bibliothèque du poète hambourgeois, reconstituée (du moins en partie) par des germanistes et des historiens à la fin des années 1990, démontre bien que le français, en tant que langue de traduction, joua un rôle important dans la formation intellectuelle des poètes galants tels que Brockes :

> Darüber hinaus scheint das Französische als Leitsprache der galanten Kultur allerdings so weit gewirkt zu haben, dass manches an historiographischem Wissensbestand, romaneskem Standardrepertoire und klassischem Kulturerbe eher in der französischen Übersetzung als im lateinischen, englischen, spanischen oder italienischen Original gekauft wurde.[9]

Selon le germaniste Harold P. Fry, l'année 1715 correspondit également à un tournant dans la carrière poétique de l'auteur qui développa un réel intérêt pour des modes d'expression plus simples et épurés après avoir atteint un haut degré de maîtrise dans le style mariniste.[10] Tout comme Maynard, Brockes vint au monde à la fin d'un siècle riche en innovations poétiques et métriques, celui de la littérature qualifiée aujourd'hui de „baroque" en Allemagne. Celle-ci peut tout à fait être considérée

---

8   Fry, *Physics, Classics, and the Bible*, p. 44.
9   Rudolf Behrens, « Zum Profil der französischen Anteile an der Bibliothek des B. H. Brockes », in : Hans-Georg Kemper, Uwe-K. Ketelsen et Carten Zelle (éd.), *Barthold Heinrich Brockes (1680–1747) im Spiegel seiner Bibliothek und Bildergalerie I*, Wiesbaden, Harrassowitz, 1998, pp. 193–222, cf. ici p. 213.
10 Fry, *Physics, Classics, and the Bible*, p. 68.

comme étant l'une des multiples expressions de la rhétorique de l'époque moderne, c'est-à-dire d'un art du discours, de la réflexion, de l'organisation et de la structuration de la pensée qui reposait sur le modèle des grands orateurs antiques. Outre ces aspects purement formels, la rhétorique était aussi une façon de voir, de considérer, d'observer, de percevoir, de comprendre et d'« *habiter le monde* ».[11] La société allemande du XVIIe au sein de laquelle Brockes vit le jour (1680) se trouvait confrontée à d'importants conflits sociaux et confessionnaux. Le développement d'une rhétorique plus radicale et pathétique pourrait ainsi s'expliquer par l'influence exercée par les débats confessionnaux sur le monde du discours et de la poésie. L'art de la persuasion et de la rhétorique expressive de Cicéron[12] gagnèrent en influence dans un Saint-Empire en proie aux conflits religieux où l'exégèse biblique et l'argument d'autorité à eux-seuls ne suffisaient plus. Néanmoins, les œuvres de Barthold Heinrich Brockes, publiées à l'aube du XVIIIe siècle, incarnaient déjà une période de transition vers un style plus „classique". Bien qu'il maîtrisât rapidement le *stylus magnificus*, ce qu'il démontra à merveille par sa traduction du *Massacre des Saints Innocents* de Giambattista Marino, il écrivait également dans un style plus épuré que l'on pourrait placer dans la continuité du *stylus politicus* de Christian Weise (1642 – 1708) ou du style historique du naturaliste Johann Jakob Scheuchzer (1672 – 1733).[13] Le fait de traduire François Maynard, un proche de François de Malherbe, de réciter ces textes face aux autres membres de la *Teutsch-übende Gesellschaft*, une société philologique fondée sur le modèle de l'*accademia dell'Arcadia* qui plaidait pour un style plus épuré que sa rivale italienne l'*accademia della Crusca* dont le „Saint-patron" était Giambattista Marino, également traduit par Brockes en 1715, démontre parfaitement l'exceptionnel éclectisme stylistique du poète hambourgeois. Bien que la dichotomie entre le „baroque" et le „classique" proposée ici puisse sembler parfaitement artificielle, il n'en reste pas moins qu'il existait bel et bien un certain esprit de concurrence entre différents styles d'écriture, ce dont témoigne notamment l'émergence de termes péjoratifs

---

11   Bernard Beugnot, *Les Muses classiques. Essai de bibliographie rhétorique et poétique*, Paris, Klincksieck, 1996, p. 11.
12   Jacqueline Liechtenstein, *La Couleur éloquente. Rhétorique et peinture à l'âge classique*, Paris, Flammarion, 2013 [1989], p. 20.
13   Fry, *Physics, Classics, and the Bible*, p. 68.

tels que „schwulstig/schwülstig" (enflé) ou encore „Lohensteinismus"[14] à l'époque moderne. Le mode d'expression « baroque » qui se caractériserait par une surcharge de procédés artistiques (*ornatus*) semble avoir eu bien plus de succès dans les terres germaniques du Saint-Empire que dans le Royaume de France. On pourrait avancer plusieurs facteurs sociologiques, culturels ou religieux ayant pu contribuer au triomphe du baroque littéraire en Allemagne, mais nous nous contenterons ici d'indiquer que le caractère emphatique de la poésie baroque qui accordait une place importante au substantif permettait d'exploiter la facilité de la langue allemande à construire des mots composés et des nominalisations. Nous pouvons émettre l'hypothèse que la syntaxe de la langue de Goethe aurait pu favoriser l'émergence de ce style littéraire dont l'une des principales caractéristiques serait la « *mention insistante* »[15] (Karl Otto Conrady), procédé qui consisterait à observer et à décrire un objet ou une action sous toutes ses différentes facettes au lieu de se concentrer sur le développement des idées comme le ferait la poésie „classique" :

> Der Dichter verhält im Ablauf des Gedichts (falls man immer von Gedicht'"Ablauf" sprechen kann), insistiert auf einem Punkt, um ihn besonders auszugestalten, zu bewätigen.[16]

Nous pourrions en déduire que le style classique se prêterait davantage à la langue française dont la syntaxe privilégierait un ordre où les mots graviteraient autour du verbe. C'est justement la facilité, l'élégance, la simplicité et la grâce françaises – ce que les poètes galants appelaient le *tour* – qui faisaient encore défaut à la langue allemande et que les poètes allemands souhaitaient imiter. Il semble bien qu'en Allemagne la poésie baroque ait cherché à compenser son manque de phraséologismes ou de locutions par des périphrases et un phénomène d'accumulation de mots-composés. L'objectif des sociétés philologiques et notamment de la *Teutsch-übende Gesellschaft* consistait entre autres à libérer la littérature allemande de cette apparente lourdeur stylistique. Barthold Heinrich Brockes était tout à fait conscient de ces problèmes, l'intérêt grandissant qu'il prêtait à toutes les possibilités stylistiques qui s'offraient à lui

---

14 Style littéraire particulièrement emphatique, nommé d'après Daniel Casper von Lohenstein (1635 – 1683), l'un des plus importants représentants de le seconde école silésienne.
15 Traduction française de « insistierende Nennung » empruntée à Vera Viehöver, « Introduction », in : Id. (éd.), *Formes poétiques contemporaines*, Liège, Presses Universitaires de Liège, 2020, p. 11–17, p. 12.
16 Karl Otto Conrady, *Lateinische Dichtungstradition und deutsche Lyrik des 17. Jahrhunderts*, Bonn, H. Bouvier u. Co., 1962, p. 129.

constitue une preuve indéniable de son engagement en la matière. Ses traductions montrent cependant une certaine hésitation entre un style plus épuré et un style exhaustif. Le poète semble notamment avoir rencontré des difficultés à transposer la syntaxe française en allemand et à traduire des expressions idiomatiques. Une analyse plus approfondie des différentes traductions de l'épigramme de Maynard devrait permettre de reconnaître les méthodes employées par Brockes pour résoudre ou contourner certaines de ces difficultés.

Un réagencement peu orthodoxe de la *dispositio*

Notons tout d'abord que le texte de Maynard que Brockes et les membres de la *Teutsch-übende Gesellschaft* entreprirent de traduire se distinguait de la version originale :

> Las d'esperer et de me plaindre
>
> Des Parens, des Amis et du Sort,
>
> C'est ici, que j'attends la mort,
>
> Sans la desirer, ni la craindre.[17]

L'accumulation « *Des Muses, des grands et du sort* » a ici été remplacée par « *Des Parens, des Amis et du Sort* ». À notre connaissance, aucune édition des poèmes de Maynard publiée du vivant de Brockes ne présentait ces modifications par rapport au texte original. De plus, le quatrain de Maynard a été adapté à la graphie allemande. À l'exception notable du substantif « la mort », tous les noms communs portent une majuscule. La présence d'une virgule entre l'adverbe de lieu « ici » et la conjonction « que » pourrait également être due à l'influence de la ponctuation allemande. Si l'altération du texte source n'était pas nécessairement décriée par les poètes rhétoriqueurs, il est cependant difficile de reconnaître s'il s'agit ici d'une modification volontaire et délibérée ou d'une simple faute d'inattention. En se prêtant à l'exercice de la traduction, le poète pouvait conserver la même matière (*inventio*) et la même disposition (*dispositio*) des arguments que dans le texte d'origine. Il lui était également permis[18] de modifier quelque peu le style de l'auteur (*elocutio*) sans pour autant déroger aux règles régissant la hiérarchie des styles (*aptum*).[19] Lors de cet

---

17   Il s'agit ici du texte source utilisé par la *Teutsch-übende Gesellschaft*.
18   Fry, *Physics, Classics, and the Bible*, p. 12.
19   Ibid.

exercice de réécriture, le traducteur devait prouver sa capacité à s'approprier le texte et à transposer le phrasé de l'auteur dans la langue cible. Ajoutons à cela que l'expression des affects gagnait progressivement en influence dans le discours rhétorique, ce dont témoigne l'intérêt grandissant pour la notion d'*elocutio* au cours du XVIIe siècle. Les textes de Brockes relèvent généralement d'une attitude „moderne" à l'égard de l'exercice de traduction. Tout d'abord, nous pouvons remarquer qu'il a rencontré des difficultés à préserver l'ordre des arguments du texte source (*dispositio*). Des trois traductions étudiées dans cet article, seule la deuxième respectait le principe de *dispositio* en reprenant l'ordre des énoncés du texte source (*abcd*). La première et la troisième version présentent toutes deux la même altération en ce qui concerne l'agencement des arguments (ordre *bacd* au lieu de *abcd*). Bien qu'il ait altéré la *dispositio*, il resta relativement fidèle à l'ensemble des topoï présents dans le texte source. C'est-à-dire qu'il s'est évertué à reprendre dans la traduction allemande des notions et des concepts similaires à ceux employés par Maynard. Ce dernier savait jouer avec l'attente syntaxique du lecteur : la « mort », le terme le plus important du poème, n'apparaît ainsi qu'à la fin du troisième vers. Le sujet lyrique exprime ainsi son attitude de quiétude, de tranquillité stoïque face à l'inexorable. Le traducteur semble l'avoir compris puisqu'il a cherché à reproduire le même schéma pour ses trois traductions. Seule la première version présente une légère différence puisque l'enjambement renvoie le terme en question au dernier et non à l'avant-dernier vers.

Un autre argument parlant en faveur d'une traduction fidèle au texte source serait que Brockes a seulement interchangé le premier (a) avec le deuxième (b) énoncé ou alors le troisième (c) avec le quatrième (d). En évitant d'utiliser un schéma de type *acbd* ou *bdac*, il a su préserver le découpage du quatrain en deux parties et se conformer ainsi au texte d'origine : l'état de solitude ou de lassitude du poète est suivi par l'évocation de la mort. L'épigramme prend alors la forme d'un syllogisme, d'une douce méditation sur le caractère éphémère de la vie.

(a) Las d'esperer et de me plaindre

(b) Des Parens, des Amis et du Sort,

(c) C'est ici, que j'attends la mort,

(d) Sans la desirer, ni la craindre.

Première traduction de Brockes

(b) Auf Glück, Verwandten, Freund und Zeit

(a) Zu hoffen und zu schmählen müde,

(c) Erwart' ich hier in Ruh und Friede

(d) den Tod, doch ohne Wunsch und ohne Furchtsamkeit.

Deuxième traduction de Brockes

(a) Da ich nunmehro müd zu hoffen und zu schmählen

(b) Auf Glück Verwandten, Freünd und Zeit,

(c) Erwart' ich meinen Tod hier in Gelassenheit,

(d) Ohn daß mich seine Furcht und sein Verlangen quälen.

Troisième traduction de Brockes

(b) Auf Freünde, Glück und die mir angehören

(a) Zu hoffen und zu schmählen müde

(c) Erwart' ich hier den Tod im Friede

(d) Ohn ihn zu scheü'n, und ohn ihn zu begehren.

Altération du rythme

Indissociable de la rhétorique, la poésie de l'époque moderne tenait tout particulièrement à la structure argumentative des textes, même les rhétoriqueurs moins conservateurs tels que Christian Weise insistaient sur l'importance de la cohérence textuelle. Dans le cas qui nous occupe, le traducteur devait nécessairement préserver la structure binaire de l'épigramme, celle-ci étant composée d'un thème (*propositium*) et d'une conclusion (*conclusio*).[20] L'essence de l'épigramme repose néanmoins sur la conjugaison de deux éléments indépendants de sa structure : la brièveté (*brevitas*) et l'*argutia*,[21] c'est-à-dire la subtilité ou le trait d'esprit. En raison de cette concentration sur la conclusion (*pointe*), l'épigramme convenait parfaitement à la satire, aux textes sardoniques et grivois comme le démontrent notamment les *Priapées* de Maynard.[22]

---

20 Nadia Metwally, « Zwischen Manierismus und Moralisierung. Zum deutschen Epigramm im 17. und im 18. Jahrhundert », in : *Kairoer Germanistische Studien* 6 (1991), p. 239–260, p. 241.
21 Ibid.
22 Frédéric Graça, « Entre muses gaillardes et muses galantes : les variations du discours licencieux dans les œuvres poétiques de François Maynard », in : *Dix-septième siècle* 277 (2017), p. 587–610.

Malgré ce relatif respect de la composition du quatrain de Maynard dont fit preuve Brockes, ce dernier avait accordé peu d'importance à la restitution du rythme du texte source. La version originale du poème est composée de quatre octosyllabes, ce type de mètre étant l'un des vers les plus utilisés dans la poésie française du XVIe siècle. On pourrait également dire que le quatrain de Maynard compte deux octosyllabes et deux ennéasyllabes puisqu'il était encore d'usage au XVIe siècle de compter la rime féminine à la fin d'un vers. L'épigramme comporte une rime embrassée et une rime plate, ce qui correspond au schéma *abba*. Les quatrains octosyllabiques selon un schéma *abba* étaient très populaires dans la poésie lyrique des XVIe et XVIIe siècles,[23] il s'agit donc là d'une forme parfaitement « classique » (au sens large du terme) :

> Las d'esperer & de me plaindre 8/9
>
> Des Muses, des grands & du sort, 8
>
> C'est icy que i'attends la mort, 8
>
> Sans la désirer ny la craindre. 8/9

Le texte présenté par Brockes, poète plutôt libéral en termes de versification, contient plusieurs irrégularités qui ne seraient pas passées inaperçues aux yeux d'un puriste tel que Maynard :

> Las d'esperer et de me plaindre 8/9
>
> Des Parens, des Amis et du Sort, 9
>
> C'est ici, que j'attends la mort, 8
>
> Sans la desirer, ni la craindre. 8/9

Quelle que soit la méthode de comptage utilisée, rien ne saurait justifier l'apparition d'un ennéasyllabe et d'un octosyllabe à rime masculine. Depuis la réforme métrique entreprise au début du XVIIe siècle par Martin Opitz dans le *Buch von der deutschen Poeterey*, un vers allemand à quatre syllabes accentuées correspond à un octosyllabe français, à condition toutefois que les syllabes accentuées et inaccentuées alternent régulièrement. Brockes avait opté pour cette solution dans sa première traduction du quatrain de Maynard :

> Auf *Glück*, Ver*wand*ten, *Freund* und *Zeit* (4)
>
> Zu *hof*fen *und* zu *schmäh*len *mü*de, (4)

---

23 Jean-Michel Gouvard, *La versification française*, Paris, PUF, 2015 [1999], p. 87.

Erwart' ich *hier* in *Ruh* und *Frie*de (4)

den *Tod*, doch *oh*ne *Wunsch* und *oh*ne *Furcht*sam*keit*. (6)

Hélas, il n'était pas parvenu à maintenir cette forme au dernier vers de la dernière strophe qui compte deux syllabes accentuées supplémentaires. Il s'était néanmoins évertué à restituer le schéma de rimes (*abba*) dans ses trois propositions de traduction. À partir de la deuxième traduction, il s'était essayé à de nouvelles formes métriques. La deuxième proposition de traduction compte ainsi trois vers de six syllabes accentuées et un vers de quatre syllabes accentuées. L'attention du lecteur se porte alors surtout sur le deuxième vers qui se distingue des autres par sa brièveté (quatre syllabes accentuées au lieu de six) :

Da *ich* nun*meh*ro *müd* zu *hoff*en *und* zu *schmäh*len (6)

Auf *Glück* Ver*wandt*en, *Freünd* und *Zeit*, (4)

Erwart' ich *mein*en *Tod* hier *in* Ge*lass*enheit, (6)

Ohn *daß* mich *sei*ne *Furcht* und *sein* Ver*lan*gen *quä*len (6).

La troisième traduction est – en ce qui concerne le rythme – la plus fidèle à l'épigramme de Maynard : deux vers à cinq accents toniques embrassent une paire de vers à quatre accents toniques.

Auf *Freün*de, *Glück* und *die* mir *an*ge*hö*ren (5)

Zu *hoff*en *und* zu *schmäh*len *müd*e (4)

Erwart' ich *hier* den *Tod* im *Frie*de (4)

Ohn *ihn* zu *scheü'*n, und *ohn* ihn *zu* be*geh*ren (5).

En ce qui concerne le genre des rimes, Maynard avait choisi une forme simple et classique, à savoir un enchaînement de deux rimes du même genre (féminine, féminine, masculine, masculine). Cette distribution se retrouve uniquement dans la deuxième traduction de Brockes («schmäh*len*», «*Zeit*», «Gelassen*heit*», «quä*len*»). Lors de sa première tentative de traduction (*Zeit*, müde, Frie*de*, Furchtsam*keit*), il avait en effet modifié cette distribution (masculine, féminine, féminine, masculine). De ce fait, deux énoncés (b & c) appartenant à deux parties différentes de l'épigramme (*propositio* & *conclusio*) se trouvent ainsi réunis, ce qui porte préjudice à la structure binaire évoquée ci-dessus. Par la suite, il avait totalement abandonné l'idée de faire alterner le genre des rimes, la troisième et dernière traduction n'en comptent que des féminines («angehö*ren*», «mü*de*», «Frie*de*», «begeh*ren*»).

Une traduction « rhétorique » de l'épigramme de Maynard ?

À première vue, aucune des traductions de Barthold Heinrich Brockes ne semble entièrement satisfaisante. L'ordre des énoncés est seulement respecté dans la deuxième traduction, seule la troisième propose un rythme régulier comparable à celui de l'épigramme de Maynard. Quant à la première, elle est l'unique variante à observer la distribution des rimes masculines et féminines de la version originale. Pour transposer l'un des éléments constitutifs du quatrain de Maynard dans la langue cible (disposition des énoncés, rythme et schéma de rimes), le poète-traducteur se vit contraint d'en sacrifier deux autres. Il se peut cependant que ces considérations aient joué un rôle parfaitement secondaire dans les réflexions traductologiques du poète hambourgeois. Celui-ci aurait alors surtout voulu restituer les éléments les plus importants à traduire et à respecter d'après la tradition rhétorique tels que l'énonciation et les procédés stylistiques employés par l'auteur (*elocutio*), son intention (*voluntas*), la subtilité et la perspicacité de la conclusion (*argutas*), les éléments esthétiques (*ornatus*) ou encore la clarté de son langage (*puritas*). Il est fort probable que le rhétoriqueur remarquable qu'était Brockes prêtait davantage d'attention à ces catégories-là. Bien que sensibilisé dès son plus jeune âge à la beauté de la poésie mariniste, il a su développer par la suite un certain intérêt pour les formes plus mesurées et classiques qui annonçaient déjà le premier classicisme allemand, incarné par des hommes tels que Gottsched.

Une traduction placée sous le signe de la *perspicuitas* ?

Il est alors tout à fait possible que Brockes ait agi en fonction du principe de clarté (*perspicuitas*) et que son intention première ait été de proposer une traduction rédigée dans un langage simple, pur et facilement compréhensible. Puisque le passage d'une langue à une autre affecte principalement l'*elocutio*, Brockes aurait ainsi essayé en premier lieu de restituer les idéaux stylistiques de François Maynard. Afin d'étudier de manière plus approfondie cette transposition « brockienne » d'une épigramme de Maynard, il serait entre autres nécessaires de s'intéresser au décalage sémantique qu'entraîne l'acte de traduire. Certains éléments de vocabulaire contenus dans la traduction de Brockes pourraient en effet trahir l'influence du piétisme ou de la pensée physico-théologique. L'emploi du terme « *Gelassenheit* », popularisé par le piétisme et la mystique allemande, pourrait ainsi constituer une piste de recherche intéressante. Celui-ci permet de décrire un état de quiétude et de tranquillité spirituelle que l'Homme trouverait en Dieu. Il n'est donc pas à exclure que les convictions religieuses et/ou philosophiques de l'auteur de *Irdisches Vergnügen in Gott* (*Plaisirs terrestres en Dieu*) aient exercé une certaine influence sur ses pratiques de traducteur.

Bibliographie

Behrens, Rudolf, « Zum Profil der französischen Anteile an der Bibliothek des B. H. Brockes », in : Hans-Georg Kemper, Uwe-K. Ketelsen u. Carten Zelle (éd.), *Barthold Heinrich Brockes (1680–1747) im Spiegel seiner Bibliothek und Bildergalerie I.*, Wiesbaden, Harrassowitz, 1998.

Beugnot, Bernard, *Les Muses classiques. Essai de bibliographie rhétorique et poétique*, Paris, Klincksieck, 1996.

Brockes, Barthold Heinrich, *Selbstbiographie. Verdeutschter Bethlehemitischer Kinder-Mord. Werke 1*, édition établie par Jürgen Rahtje, Göttingen, Wallstein, 2012.

Conrady, Karl Otto, *Lateinische Dichtungstradition und deutsche Lyrik des 17. Jahrhunderts*, Bonn, H. Bouvier u. Co., 1962.

De Jaucourt, Louis, « Toulouse », in : Antoine-Claude Briasson, Michel-Antoine David, Laurent Durant et André Le Breton (éd.), *Encyclopédie, ou Dictionnaire raisonné des sciences, des arts et des métiers*, Paris, 1751, p.452.

Fry, Harold P., *Physics, Classics, and the Bible. Elements of the Secular and the Sacred in Barthold Heinrich Brockes' Irdisches Vergnügen in Gott (1721)*, New York, Lang, 1990.

Gauthier, Laure, *L'Opéra à Hambourg (1648–1728) – Naissance d'un genre, essor d'une ville*, Paris, Sorbonne Université Presses, 2009.

Gouvard, Jean-Michel, *La versification française*, Paris, PUF, 2015 [1999].

Graça, Frédéric, « Entre muses gaillardes et muses galantes : les variations du discours licencieux dans les œuvres poétiques de François Maynard », in : *Dix-septième siècle* 277 (2017), p. 587–610.

Liechtenstein, Jacqueline, *La Couleur éloquente. Rhétorique et peinture à l'âge classique*, Paris, Flammarion, 2013 [1989].

Maynard, François, *Les Œuvres de Maynard*, éd. Augustin Courbé, Paris, 1646.

Metwally, Nadia, « Zwischen Manierismus und Moralisierung. Zum deutschen Epigramm im 17. und im 18. Jahrhundert », in : *Kairoer Germanistische Studien* 6 (1991), pp. 239-260.

Rousset, Jean, *L'Aventure baroque*, Carouge, éditions ZOE, 2006.

Viehöver, Vera, « Introduction », in : Id. (éd.), *Formes poétiques contemporaines* 2020, Liège, Presses Universitaires de Liège, p. 12.

Teil 2:
Sprache(n) und Grenze(n) anwendungsorientiert

Hans Baumann

Die Bedeutung des Lateinischen für die Vermittlung des Französischen als Fremdsprache in der Frühen Neuzeit

Abstract

Dieser Beitrag untersucht die Bedeutung, die das Lateinische für die Vermittlung des Französischen als Fremdsprache im 17. und 18. Jahrhundert im süddeutschen Raum spielte. Auf Grundlage ausgewählter Beispiele zeigt sich, dass sich dieser Stellenwert im Laufe des Untersuchungszeitraums stark wandelte. Während im 17. Jahrhundert Latein für die Vermittlung des Französischen eine wichtige Bedeutung besaß und in Grammatiken, aber auch im Französischunterricht selbst gebraucht wurde, verlor die Sprache diesen Stellenwert im Laufe des 18. Jahrhunderts zunehmend zugunsten des Deutschen, denn so war es auch für Anfänger und Personen, die kein Latein sprachen, leichter, Französisch zu lernen.

Schlagwörter: Fremdsprachen; Unterricht; Französisch; Latein; Frühe Neuzeit

Résumé

Cet article s'intéresse au rôle et à la fonction du latin dans l'enseignement du français en tant que langue étrangère dans les régions du sud de l'Allemagne aux XVIIe et XVIIIe siècles. À travers plusieurs exemples concrets, il entend démontrer que son importance a considérablement évolué au cours de la période étudiée. Au XVIIe siècle, le latin occupait encore une place de première importance dans l'enseignement du français ; il était couramment utilisé dans les ouvrages de grammaire et dans les cours de langue. Au XVIIIe siècle, il a cependant perdu de son influence au profit de l'allemand. Ce déclin du latin en tant que langue d'enseignement a rendu l'apprentissage du français accessible à un plus grand public.

Mots-clés : *langues étrangères ; enseignement ; français ; latin ; époque moderne*

Latein und die Volkssprachen in der Frühen Neuzeit

Dass Latein bis weit in die Frühe Neuzeit die wohl wichtigste Wissenschaftssprache in Europa war und auch als *lingua franca* große Bedeutung für die Kommunikation über Nationalsprachgrenzen hinweg besaß, ist unbestritten.[1] Die Zeit vom Beginn des Mittelalters bis zum Ende der Frühen Neuzeit bezeichnete Jürgen Leonhardt gar als das „lateinische Jahrtausend Europas".[2] Auch wenn Latein bereits in dieser Zeit eine Sprache ohne Muttersprachler war, konnte sie doch all das, was wir heute mit modernen Sprachen verbinden: Man konnte Latein lesen und schreiben, aber auch sprechen und verstehen.[3] Damit war Latein eine Sprache, in der sowohl mündlich als auch schriftlich kommuniziert wurde, die den Wortschatz der Volkssprachen durch Entlehnungen bereicherte und in die selbst wiederum volkssprachliche Ausdrücke und Konstruktionen Eingang fanden, die dann auch Formen des Codeswitchings begünstigten. Die Kenntnisse und der Gebrauch des Lateinischen waren jedoch häufig auf bestimmte Bevölkerungsgruppen und Lebensbereiche, vor allem den Klerus und die weltliche Intelligenz, beschränkt und ließen wesentlich größere Gruppen größtenteils unberührt.[4] Trotzdem wurden in der Frühen Neuzeit viele volkssprachliche Texte ins Lateinische übersetzt, um sie einem europäischen Publikum zugänglich zu machen.[5]

Dennoch änderte sich gerade in dieser Zeit die Bedeutung der lateinischen Sprache in Europa grundlegend, denn sie diente in gewisser Weise als „Geburtshelferin der Volkssprachen",[6] indem sich die Volkssprachen nach dem Vorbild der lateinischen Sprache ausbildeten, beispielsweise durch das Verfassen von volkssprachlichen Grammatiken oder die

---

1 Einführend sei an dieser Stelle stellvertretend verwiesen auf Manfred Fuhrmann, *Latein und Europa. Geschichte des gelehrten Unterrichts in Deutschland von Karl dem Großen bis Wilhelm II.*, Köln, DuMont, 2001; Tore Janson, *Latein. Die Erfolgsgeschichte einer Sprache*, Hamburg, Buske, 2006; Wilfried Stroh, *Latein ist tot, es lebe Latein. Kleine Geschichte einer großen Sprache*, Berlin, List, 2007.
2 Jürgen Leonhardt, *Latein. Geschichte einer Weltsprache*, München, Beck, ²2009, S. 125–244.
3 Vgl. Martin Korenjak, „Latein und die europäischen Volkssprachen in der frühen Neuzeit", in: *Philologia Classica* 13 (2018), S. 103–115, hier S. 105.
4 Vgl. ebd., S. 107–111.
5 Peter Burke hat für die Zeit von 1500 bis 1800 1140 Übersetzungen von religiösen, historischen und philosophischen Texten, Reiseberichten oder literarischen Werken ins Lateinische ausfindig gemacht; vgl. Peter Burke, „Translations into Latin in Early Modern Europe", in: Ders. u. Ronny Hsia (Hg.), *Cultural Translations in Early Modern Europe*, Cambridge, Cambridge University Press, 2007, S. 65–80.
6 Korenjak, „Latein", S. 112.

Verwendung der Volkssprachen als Verwaltungs-, Wissenschafts- und Literatursprachen, und Latein dann zunehmend verdrängten. Bislang konzentrierte sich die Forschung zum Wandel des Stellenwerts der lateinischen Sprache vor allem auf diese Bereiche.[7] Doch nicht nur als Wissenschafts- und Gelehrtensprache, sondern damit zusammenhängend auch in der Bildung war Latein von Bedeutung.[8] Während wir über den frühneuzeitlichen Lateinunterricht bereits gut informiert sind,[9] wurde der Stellenwert, den die lateinische Sprache für den Unterricht und die Vermittlung lebender Fremdsprachen in der Frühen Neuzeit besaß, bislang nicht untersucht. Ausgehend von dieser Beobachtung fragt der Beitrag exemplarisch nach der Bedeutung, die dem Lateinischen im Kontext der Vermittlung des Französischen als Fremdsprache im Heiligen Römischen Reich des 17. und 18. Jahrhunderts zukam.

Ein solcher Blick auf den Fremdsprachenunterricht der Frühen Neuzeit kann uns nicht nur helfen, die Praktiken des frühneuzeitlichen Fremdsprachenlernens besser zu verstehen, sondern fügt zugleich der bereits aufgezeigten zunehmenden Ablösung des Lateinischen durch die

---

7   Vgl. bspw. Jürgen Schiewe, „Von Latein zu Deutsch, von Deutsch zu Englisch. Gründe und Folgen des Wechsels von Wissenschaftssprachen", in: Friedhelm Debus, Franz G. Kollmann u. Uwe Pörksen (Hg.), *Deutsch als Wissenschaftssprache im 20. Jahrhundert. Vorträge des Internationalen Symposiums vom 18./19. Januar 2000*, Stuttgart, ibidem, 2000, S. 81–104; Mechthild Habermann, *Deutsche Fachtexte der frühen Neuzeit. Naturkundlich-medizinische Wissensvermittlung im Spannungsfeld von Latein und Volkssprache*, Berlin/New York, De Gruyter, 2001; Wolfgang Dahmen, Günter Holtus, Johannes Kramer u. a. (Hg.), *Die romanischen Sprachen als Wissenschaftssprachen. Romanistisches Kolloquium XXIV*, Tübingen, Narr, 2011; Michael Prinz u. Jürgen Schiewe (Hg.), *Vernakuläre Wissenschaftskommunikation. Beiträge zur Entstehung und Frühgeschichte der modernen deutschen Wissenschaftssprachen*, Berlin/Boston, De Gruyter, 2018.
8   Für den Bildungskontext sei an dieser Stelle hingewiesen auf Jürgen Schiewe, *Sprachenwechsel – Funktionswandel – Austausch der Denkstile. Die Universität Freiburg zwischen Latein und Deutsch*, Tübingen, Niemeyer, 1996; Peter Kuhlmann, „Zur Rolle der Sprache in der Bildung von der griechisch-lateinischen Antike bis zur Frühen Neuzeit", in: Jörg Kilian, Birgit Brouër u. Dina Lüttenberg (Hg.), *Handbuch Sprache in der Bildung*, Berlin/Boston, De Gruyter, 2016, S. 163–182; Prinz u. Schiewe (Hg.), *Wissenschaftskommunikation*, darin vor allem die Beiträge von Alvermann und Habermann.
9   Vgl. Louis G. Kelly, „Humanist Latin Teaching and the Roman Orator", in: Werner Hüllen u. Friederike Klippel (Hg.), *Heilige und profane Sprachen. Die Anfänge des Fremdsprachenunterrichts im westlichen Europa*, Wiesbaden, Harrassowitz, 2002, S. 111–128; Martin Korenjak u. Florian Schaffenrath (Hg.), *Der Altsprachliche Unterricht in der Frühen Neuzeit*, Innsbruck, Studien-Verlag, 2010; Klaus-Dieter Beims, „Latein. Die fremd werdende *lingua franca* als Unterrichtsfach", in: Mark Häberlein u. Holger Zaunstöck (Hg.), *Halle als Zentrum der Mehrsprachigkeit im langen 18. Jahrhundert*, Wiesbaden, Harrassowitz, 2017, S. 107–120; Anja Wolkenhauer, „Merkverse, Lerngeschichten, Merkhände. Didaktische Praktiken im lateinischen Anfangsunterricht der Frühen Neuzeit", in: *International Journal for the Historiography of Education* 10 (2020), S. 11–28.

Volkssprachen im Laufe der Frühen Neuzeit zwei weitere, entscheidende Facetten hinzu: Erstens ermöglicht der gewählte Zuschnitt eine vergleichende Betrachtung der Rolle und Bedeutung, die Latein und Deutsch im Kontext des Französischlernens und -lehrens in der Frühen Neuzeit spielten. Zweitens jedoch muss in diesem Zusammenhang auch berücksichtigt werden, inwiefern nicht gerade auch das zunehmende Interesse an modernen Fremdsprachen in der Zeit – seien sie nun vorwiegend auf Grundlage des Lateinischen vermittelt oder nicht – zu einem Aufstieg der Volkssprachen und einer stärkeren Marginalisierung der lateinischen Sprache beitrugen.

Sicherlich muss das Bild, das dieser Beitrag von jener komplexen Situation zeichnen kann, aufgrund der thematischen, zeitlichen und geografischen Beschränkungen vereinfacht und unvollständig bleiben. So konzentriert sich der Beitrag lediglich auf das Lernen und Lehren des Französischen als die wohl wichtigste lebende Fremdsprache der Zeit und lässt andere Fremdsprachen außer Acht. Auch in zeitlicher Hinsicht wurden mit der Betrachtung des 17. und 18. Jahrhunderts Einschnitte vorgenommen, und auch geografisch beschränkt sich der Beitrag auf den süddeutschen Raum. Anhand von ausgewählten Beispielen soll damit exemplarisch veranschaulicht werden, welche Rolle Latein für die Vermittlung des Französischen in der Frühen Neuzeit spielte.

Latein und der Französischunterricht im 17. Jahrhundert

Das Lernen und Lehren von modernen Fremdsprachen, insbesondere Französisch und Italienisch, war in der Frühen Neuzeit kaum institutionalisiert. Abgesehen vom Unterricht an Ritterakademien, die für ein adliges Publikum bestimmt waren, wurden Fremdsprachen größtenteils in Form von Privatunterricht oder durch autodidaktisches Lernen erworben.[10]

---

10   Einführend zum Fremdsprachenlernen in der Frühen Neuzeit Konrad Schröder (Hg.), *Fremdsprachenunterricht 1500–1800. Vorträge gehalten anlässlich eines Arbeitsgesprächs vom 16. bis 19. Oktober 1988 in der Herzog August Bibliothek Wolfenbüttel*, Wiesbaden, Harrassowitz, 1992; Mark Häberlein u. Christian Kuhn (Hg.), *Fremde Sprachen in frühneuzeitlichen Städten. Lernende, Lehrende und Lehrwerke*, Wiesbaden, Harrassowitz, 2010; Helmut Glück, Mark Häberlein u. Konrad Schröder, *Mehrsprachigkeit in der Frühen Neuzeit. Die Reichsstädte Augsburg und Nürnberg vom 15. bis ins frühe 19. Jahrhundert*, Wiesbaden, Harrassowitz, 2013; Walter Kuhfuß, *Eine Kulturgeschichte des Französischunterrichts in der frühen Neuzeit. Französischlernen am Fürstenhof, auf dem Marktplatz und in der Schule in Deutschland*, Göttingen, Vandenhoeck & Ruprecht, 2014; zum Sprachunterricht an Ritterakademien vor allem Gerhard Rauscher, *Das Collegium Illustre zu Tübingen und die Anfänge des Unterrichts in den neueren Sprachen unter*

Einen solchen Privatunterricht nahm in den 1650er Jahren auch der Tübinger Medizinstudent Eberhard Gockel bei dem Sprachmeister Étienne Debrulère in Anspruch, der seine französische Heimat aus konfessionellen Gründen verlassen hatte und sich nun in Tübingen als Sprachmeister des Französischen betätigte.[11] Dabei gerieten Gockel und Debrulère in einen Streit um Informationsgelder, der durch ein Schreiben des Scholaren an die Universität Tübingen dokumentiert ist. Darin führt Gockel aus, er habe Debrulère

> die Grammatic zu meiner Explication helffen machen, weilen er aber das Latein und waß er gemacht, selbst nit verstanden, ist es seltsamb, das es mir zur Explication dienen solle; zu deme [...] hat er mich im geringsten nichts gelehret, mir auch die Grammatic, darinnen ich lernen sollen genommen, wie ich dann, so mann mich examinieren sollte, noch in frantzösischer Sprach nichts kann. Weßweg ich ihme auch nichts schuldig.[12]

Wie wir sehen, spielten die fehlenden oder zumindest unzureichenden Lateinkenntnisse Debrulères in Gockels Argumentation eine entscheidende Rolle, denn diese mangelhaften Qualifikationen des Sprachmeisters waren ein Grund, der Gockel zur Einbehaltung der Informationsgelder veranlasste. In welchem Umfang Debrulère tatsächlich über Lateinkenntnisse verfügte, wissen wir nicht, doch gibt uns die Argumentation Gockels Informationen darüber, welche Qualifikationen von einem Sprachmeister um die Mitte des 17. Jahrhunderts aus der Sicht eines Scholaren erwartet wurden – und zu diesen gehörten ganz offensichtlich gute Kenntnisse der lateinischen Sprache. Auch wenn wir aus dem Schreiben nicht erfahren, ob der Unterricht selbst primär auf Latein abgehalten wurde oder die Sprache eher für das Verständnis und die Erklärung der Grammatik durch den Gebrauch von lateinischer Terminologie wichtig erschienen, waren Lateinkenntnisse in Gockels Augen für den frühneuzeitlichen Französischunterricht unentbehrlich.[13]

---

besonderer Berücksichtigung des Englischen (1601–1817), Diss. phil., Tübingen, 1957; Norbert Conrads, *Ritterakademien der frühen Neuzeit. Bildung als Standesprivileg im 16. und 17. Jahrhundert*, Göttingen, Vandenhoeck & Ruprecht, 1982; Silke Schöttle, *Männer von Welt. Exerzitien- und Sprachmeister am Collegium Illustre und an der Universität Tübingen 1594–1819*, Stuttgart, Kohlhammer, 2016.

11 Vgl. Schöttle, *Männer*, S. 127–128, S. 421–422 und S. 523.
12 Universitätsarchiv Tübingen (im Folgenden zit. als UAT) 8/9,2, Nr. 145, Bl. 246r.
13 Weiterführend zu diesem Fallbeispiel Hans Baumann, „Konflikte um Informationsgelder, Unterrichtsmethoden und Scholaren. Französischsprachige Glaubensflüchtlinge als Sprachmeister im 17. Jahrhundert", in: Marc Chalier, Gabriel García Fontalvo, Lisa Grandits u. a. (Hg.), *Migration und Transnationalisierung in der Romania. Beiträge zum*

Dass Latein in jener Zeit durchaus Vermittlungssprache im Unterricht von modernen Sprachen war, zeigen nicht nur zahlreiche auf Latein verfasste Grammatiken und Lehrbücher der Zeit, sondern auch die Aneignung von neuem Wortschatz. Dies können wir anhand des Notizbuchs von Johannes Mathaei aus Treisberg in der Wetterau rekonstruieren, das dieser zwischen 1614 und 1664 verfasst hatte. Dieses Notizbuch enthält neben Informationen zu historischen Ereignissen auch Grammatik- und Sprachübungen in deutscher, lateinischer, französischer, italienischer und spanischer Sprache. Besonders interessant ist dabei eine Seite des Notizbuchs, auf der Mathaei französisches Vokabular notierte und neben einer phonetischen Transkription, die wohl als Gedächtnisstütze für die korrekte Aussprache diente, nicht die entsprechende deutsche Übersetzung notierte, sondern jeweils das lateinische Äquivalent festhielt und sich französisches Vokabular damit wohl über das Lateinische einprägte.[14]

Beide Fälle – sowohl jener von Eberhard Gockel als auch der von Johannes Mathaei – weisen darauf hin, dass die Französischlerner über umfangreiche Lateinkenntnisse verfügten, die sie wiederum nutzten, um sich die französische Sprache anzueignen. Gleichzeitig konnten sich jedoch aus einer solchen Situation auch Probleme ergeben, wie der Nürnberger Patriziersohn Lukas Friedrich Behaim in seinem *Conceptionale* berichtet, das Vokabellisten und fremdsprachliche Konzeptbriefe enthält und das er um das Jahr 1611 in Venedig verfasste:[15]

> et au reste ie n'ay pas autre chose à escrire, sinon que ie vous prie de me pardonner les fautes que i'ay commises en ceste lettre ; car ie vous iure que la langue Italiene m'empesche tout à parler et à escrire françois, comme la langue françoise m'a empesché de parler ou escrire Latin en France, et que i'aime mieux a cest'heure d'escrire et parler Italien que françois, i'espere aussi quand ie seray revenu en France de reoublier la Italiene, et en allant touiours comme cela après estre retourné en Allemaigne, ie ne scauray parler ny Latin, ny fra[n]çois ny Italien, et par ainsi les despences que i'ai faites en ces terres seront bien employees.[16]

Wie wir sehen, konnten die Kenntnisse weiterer (romanischer) Sprachen nicht nur von Vorteil sein, sondern zugleich Probleme und

---

XXXVIII. Forum Junge Romanistik in Passau (12.–14. April 2023), München, AVM [in Vorbereitung].
14 Vgl. Staatsarchiv Wertheim R-J 3, Nr. 365, Bd. 1, fol. 118v.
15 Vgl. dazu auch Johannes Staudenmaier, „Fremdsprachenerwerb in der frühneuzeitlichen Reichsstadt. Ein Werkstadtbericht aus Nürnberger Archiven", in: Mark Häberlein u. Christian Kuhn (Hg.), *Fremde Sprachen in frühneuzeitlichen Städten. Lernende, Lehrende und Lehrwerke*, Wiesbaden, Harrassowitz, 2010, S. 149–176, hier S. 161–167; Glück, Häberlein, Schröder, *Mehrsprachigkeit*, S. 116–121.
16 Germanisches Nationalmuseum Nürnberg E 11, Nr. 151.

Schwierigkeiten mit sich bringen, denn die Ähnlichkeit der Sprachen und das Risiko von Interferenzen waren auch den Lernenden selbst bewusst. Auch wenn damit die Gefahr von negativen Transfers bestand, zeigt sich hier doch ganz deutlich, dass die lateinische Sprache einen wichtigen Einfluss auf das Erlernen des Französischen besaß.

Latein und der Französischunterricht im 18. Jahrhundert

Denken wir an Eberhard Gockel zurück, der nicht nur die unzureichenden Lateinkenntnisse seines Sprachmeisters kritisiert, sondern in seinem Schreiben ebenfalls erwähnt, dass er eine Grammatik angeschafft hätte, die während der Französischlektionen gebraucht werden sollte, so scheinen Grammatiken und Lehrwerke ebenfalls ein wichtiger Anhaltspunkt zu sein, um nach der Rolle des Lateinischen im Kontext der frühneuzeitlichen Fremdsprachenvermittlung zu fragen. Während die Mehrheit der Lehrbuchautoren des 17. Jahrhunderts ihre Werke zum Erlernen des Französischen auf Latein oder Französisch veröffentlichte,[17] wandelte sich diese Praxis im Laufe des Untersuchungszeitraums und immer mehr Lehrwerke, die sich an ein deutschsprachiges Publikum wandten, wurden nicht mehr auf Latein, sondern auf Deutsch verfasst.

In diesem Zusammenhang kamen im 18. Jahrhundert die Frauengrammatiken bzw. *Grammaires des Dames* auf, die sich ganz dezidiert an ein Publikum wandten, das keinen intellektuellen Hintergrund besaß.[18] Damit stellten sie eine kommerzielle Antwort auf eine gesellschaftliche Entwicklung dar, durch die Französischkenntnisse nicht mehr nur auf eine gesellschaftliche Oberschicht beschränkt waren, sondern auch Bevölkerungsschichten zugänglich werden sollten, die selbst keinen gelehrten Hintergrund besaßen. Dazu zählten neben Frauen auch die sogenannten *illitterati*. So zielten die *Grammaires des Dames* nicht ausschließlich auf ein

---

17 Für Tübingen beispielsweise Louis du May de Salettes, *Grammatica gallica, Succincta, sed accurata, in usum Illustris Collegii Würtembergensis*, Tübingen, Cellius, 1656; Louis du May de Salettes, *Grammatica gallica in usum serenissimorum, illustrissimorum, illustrium & generosorum Illustris Collegii Wirtembergici alumnorum*, Tübingen, Reiss, 1671.

18 Vgl. dazu bspw. Gabriele Beck-Busse, „À propos d'une histoire des ‚Grammaires des Dames'. Réflexions théoriques et approches empiriques", in: *Documents pour l'histoire du français langue étrangère ou seconde* 47/48 (2011/2012), S. 13–43; Javier Suso López, „Le rôle des *Grammaires* destinées aux dames dans la disciplinarisation du français (XVIIIe siècle)", in: *Documents pour l'histoire du français langue étrangère ou seconde* 47/48 (2011/2012), S. 65–80; Gabriele Beck-Busse, *Grammaires des Dames – Grammatiche per le Dame. Grammatik im Spannungsfeld von Sprache, Kultur und Gesellschaft*, Frankfurt a. M., Lang, 2014.

weibliches Publikum, sondern sprachen zugleich alle anderen Personen an, die nicht über Lateinkenntnisse verfügten, denn dies stellte ein Merkmal dar, das Frauen und weniger gelehrte Bevölkerungsschichten teilten.[19]
Dabei war das Charakteristikum fehlender Lateinkenntnisse gleichbedeutend mit fehlenden Kenntnissen über Grammatik.[20] Aus diesem Grund waren die Grammatiken nicht nur auf Deutsch und Französisch (und eben nicht auf Latein) verfasst, sondern verzichteten bei den Erläuterungen der grammatischen Phänomene auf den Gebrauch lateinischer Terminologie. Damit erprobten jene Grammatiken ein induktives Vorgehen, bei dem auf Grundlage der deutschen Form die Funktion eines grammatischen Elements sowie seine französische Entsprechung eingeführt wurden.[21] Ein Rekurs auf das Deutsche war in jenen Grammatiken damit nötig, um grammatische Phänomene des Französischen adäquat einzuführen, während Erklärungen, die ausschließlich auf lateinischer Terminologie basierten, dem Zielpublikum nicht entsprachen und damit in den Frauengrammatiken keine Verwendung fanden.

Gleichzeitig stellen wir fest, dass im Laufe des 18. Jahrhunderts auch für die Sprachmeister selbst Deutschkenntnisse immer wichtiger wurden. Während Eberhard Gockel Étienne Debrulère noch unzureichende Fähigkeiten in der lateinischen Sprache vorgeworfen hatte, betonen die Tübinger Sprachmeister in ihren Bewerbungsschreiben an die Universität im 18. Jahrhundert nun ihre Deutschkenntnisse, die sie ganz offensichtlich ebenfalls zum Unterricht des Französischen qualifizierten. Als sich im Jahr

---

19 Das Zielpublikum wurde in den Titeln dieser Grammatiken häufig direkt angesprochen und mit dem Merkmal beschrieben, kein Latein zu sprechen, so bspw. bei David Étienne Choffin, *Nouvelle Grammaire à l'usage des dames et d'autres personnes qui ne savent pas le Latin / Neue französische Grammatik zum Besten des Frauenzimmers, und anderer Personen die nicht Latein verstehen*, 2 Bde., Berlin, Haude und Spener, 1782; vgl. für eine bibliografische Zusammenstellung von Frauengrammatiken Gabriele Beck-Busse, „La grammaire française dédiée à mes jeunes amies. Bibliographie raisonnée de manuels de la langue française à l'usage de la jeunesse féminine (1565–1850)", in: *Histoire, Épistémologie, Langage* 16 (1994), S. 9–33.
20 Vgl. Gabriele Beck-Busse, „Les ‚femmes' et les ‚illitterati' ; ou : la question du latin et de la langue vulgaire", in: *Histoire, Épistémologie, Langage* 16 (1994), S. 77–94, hier S. 81.
21 An dieser Stelle kann nicht näher auf Besonderheiten der Frauengrammatiken eingegangen werden, deshalb sei auf die Untersuchung von Beck-Busse zur Einführung der Possessivbegleiter *à l'usage des grammatisés* und der *non-grammatisés* im Vergleich hingewiesen: Gabriele Beck-Busse, „Enseigner le français aux non-grammatisés. Christian Gottfried Hase et la *Grammaire des Dames* dans les pays de langue allemande", in: Barbara Schäfer-Prieß u. Roger Schöntag (Hg.), *Seitenblicke auf die französische Sprachgeschichte. Akten der Tagung Französische Sprachgeschichte an der Ludwig-Maximilians-Universität München (13.–16. Oktober 2016)*, Tübingen, Narr, 2018, S. 167–190.

1773 beispielsweise der frankophone Christophe Frédéric Parrot um die frei gewordene Sprachmeisterprofessur am Tübinger Collegium Illustre bewarb, betonte er in seinem Bewerbungsschreiben, während seines Studiums so gut Deutsch gelernt zu haben „au point de pouvoir en faire usage, [...] comme de sa langue maternelle".[22] Andere Sprachmeister wie der aus Savoyen stammende Pierre Aubin de Sales, der bis 1784 in Tübingen tätig war, wandten sich in ihren Schreiben immer wieder auf Deutsch an die Universität und zielten damit sicherlich auf eine Betonung ihrer Kompetenz im Deutschen.[23]

Welche Bedeutung Deutschkenntnisse in dieser Zeit tatsächlich für die Vermittlung des Französischen im deutschsprachigen Raum besaßen, wird nur wenige Jahre später allzu deutlich, denn über den Weggang von Jean François Méry Le Roy aus Tübingen berichtet das Collegium Illustre, dass einer der Gründe für seinen Abgang seine schlechten Deutschkenntnisse waren. So wurde „sein Unterricht bey Anfängern auch dadurch sehr erschweret [...], dass er der teutschen Sprache nicht kundig ist".[24] Gegen Ende des 18. Jahrhunderts waren Deutschkenntnisse damit beinahe unerlässlich, um im süddeutschen Raum französischen Sprachunterricht durchzuführen, denn der Unterricht war damit sowohl Anfängern als auch Personen, die kein Latein verstanden, zugänglich.

Mömpelgarder Studenten als Vermittler des Französischen in Tübingen

Die Möglichkeiten, die sich an Französischlektionen interessierten Scholaren im frühneuzeitlichen Tübingen boten, waren im Vergleich zu anderen süddeutschen Städten der Zeit besonders. So waren in Tübingen von 1560 bis zum Ende des 18. Jahrhunderts kontinuierlich Studenten aus dem damals württembergischen, aber frankophonen Mömpelgard (Montbéliard) anwesend. Sie hielten sich im Rahmen eines Stipendiums in der Universitätsstadt auf und erteilten ihren deutschsprachigen Kommilitonen

---

22 UAT 30/6, Nr. 38.
23 Vgl. dazu bspw. die Schreiben von de Sales an die Universität und den württembergischen Herzog in UAT 30/6; dazu auch Hans Baumann, „,Ein jeder hielte sich berechtigt die Sprachen lehren zu dörffen'. Mömpelgarder Studenten in Tübingen und die Konkurrenz um den Französischunterricht im 18. Jahrhundert", in: Corina Petersilka, Thomas Scharinger u. Roger Schöntag (Hg.), *Die Popularität des Französischen im Europa des 17. und 18. Jahrhunderts*, Stuttgart, Steiner [in Vorbereitung].
24 Hauptstaatsarchiv Stuttgart A 284/94, Bü 289, Bl. 97; vgl. auch Baumann, „Mömpelgarder Studenten".

dabei auch Französischlektionen. Diese führten immer wieder zu Beschwerden der Sprachmeister, die sich durch die Tätigkeit der Mömpelgarder Studenten in ihrem Verdienst beeinträchtigt sahen.[25]

Dass deutschsprachige Studenten ihre Mömpelgarder Kommilitonen den Sprachmeistern vorzogen, kann dabei sowohl mit der größeren Nähe der Mömpelgarder zu ihren Scholaren aufgrund ihres eigenen Status als Studenten als auch mit geringeren Informationsgeldern erklärt werden, die die Mömpelgarder für ihre Französischlektionen verlangten.[26] Vor dem Hintergrund des skizzierten sukzessiven Wandels der Bedeutung des Lateinischen zugunsten des Deutschen im Kontext der Vermittlung des Französischen dürfen jedoch auch fachliche Aspekte nicht außer Acht gelassen werden. Wie wir gesehen haben, wurden über den Untersuchungszeitraum hinweg unterschiedliche Sprachkenntnisse von denjenigen verlangt, die französischen Sprachunterricht gaben: im 17. Jahrhundert überwiegend Latein, das im Laufe des 18. Jahrhunderts zunehmend von Deutsch abgelöst wurde. Die bislang betrachteten Sprachmeister kamen besonders dann in Konflikt mit Scholaren oder der Universität, wenn sie diesen Anforderungen nicht entsprachen.

Die Stipendiaten aus Mömpelgard hingegen besaßen sowohl Latein- als auch Deutschkenntnisse, denn einerseits hatten sie die Mömpelgarder Lateinschule besucht und mussten auch für ihr Studium über Fähigkeiten im Lateinischen verfügen, und andererseits erlernten sie durch den Kontakt zu Kommilitonen auch schnell das Deutsche. Auch wenn sie zumeist keine didaktische, methodische oder pädagogische Ausbildung in der Vermittlung des Französischen als Fremdsprache besaßen, entsprachen zumindest ihre weiteren Sprachkenntnisse den Anforderungen des frühneuzeitlichen Französischunterrichts und machten sie damit auch aus fachlicher Sicht sowohl im 17. als auch im 18. Jahrhundert zu Personen, die von ihren Kommilitonen immer wieder aufgesucht wurden, um das Französische zu erlernen. So waren die Mömpelgarder Studenten anpassungsfähige und damit erfolgreiche Vermittler des Französischen in Tübingen, da sie durch ihre Sprachkenntnisse von den Wandelprozessen im Fremdsprachenunterricht des 17. und 18. Jahrhunderts kaum betroffen waren.

---

25 Vgl. Schöttle, *Männer*, S. 414–424; Baumann, „Konflikte"; Baumann, „Mömpelgarder Studenten".
26 Vgl. Schöttle, *Männer*, S. 414–424; Baumann, „Mömpelgarder Studenten".

Literaturangaben

Baumann, Hans, „Konflikte um Informationsgelder, Unterrichtsmethoden und Scholaren. Französischsprachige Glaubensflüchtlinge als Sprachmeister im 17. Jahrhundert", in: Marc Chalier, Gabriel García Fontalvo, Lisa Grandits u. a. (Hg.), *Migration und Transnationalisierung in der Romania. Beiträge zum XXXVIII. Forum Junge Romanistik in Passau (12.–14. April 2023)*, München, AVM [in Vorbereitung].

Baumann, Hans, „,Ein jeder hielte sich berechtiget die Sprachen lehren zu dörffen'. Mömpelgarder Studenten in Tübingen und die Konkurrenz um den Französischunterricht im 18. Jahrhundert", in: Corina Petersilka, Thomas Scharinger u. Roger Schöntag (Hg.), *Die Popularität des Französischen im Europa des 17. und 18. Jahrhunderts*, Stuttgart, Steiner [in Vorbereitung].

Beck-Busse, Gabriele, „La grammaire française dédiée à mes jeunes amies. Bibliographie raisonnée de manuels de la langue française à l'usage de la jeunesse féminine (1565–1850)", in: *Histoire, Épistémologie, Langage* 16 (1994), S. 9–33.

Beck-Busse, Gabriele, „Les ‚femmes' et les ‚illitterati' ; ou : la question du latin et de la langue vulgaire", in: *Histoire, Épistémologie, Langage* 16 (1994), S. 77–94.

Beck-Busse, Gabriele, „À propos d'une histoire des ‚Grammaires des Dames'. Réflexions théoriques et approches empiriques", in: *Documents pour l'histoire du français langue étrangère ou seconde* 47/48 (2011/2012), S. 13–43.

Beck-Busse, Gabriele, *Grammaires des Dames – Grammatiche per le Dame. Grammatik im Spannungsfeld von Sprache, Kultur und Gesellschaft*, Frankfurt a. M., Lang, 2014.

Beck-Busse, Gabriele, „Enseigner le français aux non-grammatisés. Christian Gottfried Hase et la *Grammaire des Dames* dans les pays de langue allemande", in: Barbara Schäfer-Prieß u. Roger Schöntag (Hg.), *Seitenblicke auf die französische Sprachgeschichte. Akten der Tagung Französische Sprachgeschichte an der Ludwig-Maximilians-Universität München (13.–16. Oktober 2016)*, Tübingen, Narr, 2018, S. 167–190.

Beims, Klaus-Dieter, „Latein. Die fremd werdende *lingua franca* als Unterrichtsfach", in: Mark Häberlein u. Holger Zaunstöck (Hg.), *Halle als Zentrum der Mehrsprachigkeit im langen 18. Jahrhundert*, Wiesbaden, Harrassowitz, 2017, S. 107–120.

Burke, Peter, „Translations into Latin in Early Modern Europe", in: Ders. u. Ronny Hsia (Hg.), *Cultural Translations in Early Modern Europe*, Cambridge, Cambridge University Press, 2007, S. 65–80.

Choffin, David Étienne, *Nouvelle Grammaire à l'usage des dames et d'autres personnes qui ne savent pas le Latin / Neue französische Grammatik zum Besten des Frauenzimmers, und anderer Personen die nicht Latein verstehen*, 2 Bde., Berlin, Haude und Spener, 1782.

Conrads, Norbert, *Ritterakademien der frühen Neuzeit. Bildung als Standesprivileg im 16. und 17. Jahrhundert*, Göttingen, Vandenhoeck & Ruprecht, 1982.

Dahmen, Wolfgang, Holtus, Günter, Kramer, Johannes u. a. (Hg.), *Die romanischen Sprachen als Wissenschaftssprachen. Romanistisches Kolloquium XXIV*, Tübingen, Narr, 2011.

Fuhrmann, Manfred, *Latein und Europa. Geschichte des gelehrten Unterrichts in Deutschland von Karl dem Großen bis Wilhelm II.*, Köln, DuMont, 2001.

Glück, Helmut, Häberlein, Mark u. Schröder, Konrad, *Mehrsprachigkeit in der Frühen Neuzeit. Die Reichsstädte Augsburg und Nürnberg vom 15. bis ins frühe 19. Jahrhundert*, Wiesbaden, Harrassowitz, 2013.

Häberlein, Mark u. Kuhn, Christian (Hg.), *Fremde Sprachen in frühneuzeitlichen Städten. Lernende, Lehrende und Lehrwerke*, Wiesbaden, Harrassowitz, 2010.

Habermann, Mechthild, *Deutsche Fachtexte der frühen Neuzeit. Naturkundlich-medizinische Wissensvermittlung im Spannungsfeld von Latein und Volkssprache*, Berlin/New York, De Gruyter, 2001.

Janson, Tore, *Latein. Die Erfolgsgeschichte einer Sprache*, Hamburg, Buske, 2006.

Kelly, Louis G., „Humanist Latin Teaching and the Roman Orator", in: Werner Hüllen u. Friederike Klippel (Hg.), *Heilige und profane Sprachen. Die Anfänge des Fremdsprachenunterrichts im westlichen Europa*, Wiesbaden, Harrassowitz, 2002, S. 111–128.

Korenjak, Martin u. Schaffenrath, Florian (Hg.), *Der Altsprachliche Unterricht in der Frühen Neuzeit*, Innsbruck, Studien-Verlag, 2010.

Korenjak, Martin, „Latein und die europäischen Volkssprachen in der frühen Neuzeit", in: *Philologia Classica* 13 (2018), S. 103–115.

Kuhfuß, Walter, *Eine Kulturgeschichte des Französischunterrichts in der frühen Neuzeit. Französischlernen am Fürstenhof, auf dem Marktplatz und in der Schule in Deutschland*, Göttingen, Vandenhoeck & Ruprecht, 2014.

Kuhlmann, Peter, „Zur Rolle der Sprache in der Bildung von der griechisch-lateinischen Antike bis zur Frühen Neuzeit", in: Jörg Kilian, Birgit Brouër u. Dina Lüttenberg (Hg.), *Handbuch Sprache in der Bildung*, Berlin/Boston, De Gruyter, 2016, S. 163–182.

Leonhardt, Jürgen, *Latein. Geschichte einer Weltsprache*, München, Beck, ²2009.

May de Salettes, Louis du, *Grammatica gallica, Succincta, sed accurata, in usum Illustris Collegii Würtembergensis*, Tübingen, Cellius, 1656.

May de Salettes, Louis du, *Grammatica gallica in usum serenissimorum, illustrissimorum, illustrium & generosorum Illustris Collegii Wirtembergici alumnorum*, Tübingen, Reiss, 1671.

Prinz, Michael u. Schiewe, Jürgen (Hg.), *Vernakuläre Wissenschaftskommunikation. Beiträge zur Entstehung und Frühgeschichte der modernen deutschen Wissenschaftssprachen*, Berlin/Boston, De Gruyter, 2018.

Rauscher, Gerhard, *Das Collegium Illustre zu Tübingen und die Anfänge des Unterrichts in den neueren Sprachen unter besonderer Berücksichtigung des Englischen (1601–1817)*, Diss. phil., Tübingen, 1957.

Schiewe, Jürgen, *Sprachenwechsel – Funktionswandel – Austausch der Denkstile. Die Universität Freiburg zwischen Latein und Deutsch*, Tübingen, Niemeyer, 1996.

Schiewe, Jürgen, „Von Latein zu Deutsch, von Deutsch zu Englisch. Gründe und Folgen des Wechsels von Wissenschaftssprachen", in: Friedhelm Debus, Franz G. Kollmann u. Uwe Pörksen (Hg.), *Deutsch als Wissenschaftssprache im 20. Jahrhundert. Vorträge des Internationalen Symposiums vom 18./19. Januar 2000*, Stuttgart, ibidem, 2000, S. 81–104.

Schöttle, Silke, *Männer von Welt. Exerzitien- und Sprachmeister am Collegium Illustre und an der Universität Tübingen 1594–1819*, Stuttgart, Kohlhammer, 2016.

Schröder, Konrad (Hg.), *Fremdsprachenunterricht 1500–1800. Vorträge gehalten anlässlich eines Arbeitsgesprächs vom 16. bis 19. Oktober 1988 in der Herzog August Bibliothek Wolfenbüttel*, Wiesbaden, Harrassowitz, 1992.

Staudenmaier, Johannes, „Fremdsprachenerwerb in der frühneuzeitlichen Reichsstadt. Ein Werkstadtbericht aus Nürnberger Archiven", in: Mark Häberlein u. Christian Kuhn (Hg.), *Fremde Sprachen in frühneuzeitlichen Städten. Lernende, Lehrende und Lehrwerke*, Wiesbaden, Harrassowitz, 2010, S. 149–176.

Stroh, Wilfried, *Latein ist tot, es lebe Latein. Kleine Geschichte einer großen Sprache*, Berlin, List, 2007.

Suso López, Javier, „Le rôle des *Grammaires* destinées aux dames dans la disciplinarisation du français (XVIIIe siècle)", in: *Documents pour l'histoire du français langue étrangère ou seconde* 47/48 (2011/2012), S. 65–80.

Wolkenhauer, Anja, „Merkverse, Lerngeschichten, Merkhände. Didaktische Praktiken im lateinischen Anfangsunterricht der Frühen Neuzeit", in: *International Journal for the Historiography of Education* 10 (2020), S. 11–28.

Solène Scherer

Le mot (nu) ment.
De la difficulté de traduire et transcrire les mots et les concepts du patrimoine

Résumé

La co-construction entre le XVIIIe et le XIXe siècle des identités nationales et des appareils de reconnaissance et de prise en charge du patrimoine ont fait évoluer les sens alloués aux mots utilisés pour en parler : monument, héritage, patrimoine, etc. Cet article veut interroger la difficulté de traduire le langage de la conservation-restauration, et par là même, ses concepts, d'une langue à l'autre. En étudiant l'étymologie des mots de ces vocabulaires et les connotations qu'ils ont acquis à mesure du développement des États-nations modernes, il s'agit de mettre en lumière les liens intrinsèques entre les mots et les concepts, propres à une région ou à une langue, ce qui est visible au travers, par exemple, des traductions – ici françaises – du texte d'Aloïs Riegl, *Le Culte moderne des monuments*.

Mots-clés : monument ; patrimoine ; traduction ; construction nationale ; terminologie

Abstract

Zwischen dem 18. und 19. Jahrhundert hat die gemeinsame und gleichzeitige Entwicklung nationaler Identitäten und Institutionen des Denkmalschutzes die Bedeutung der in diesem Kontext verwendeten Begriffe wie Denkmal, (Kultur-)„Erbe", *patrimoine* usw. verändert. Dieser Artikel setzt sich mit der Fachsprache der Denkmalpflege auseinander und untersucht die Schwierigkeit, damit verbundene Konzepte von einer Sprache in eine andere zu übersetzen. Die untrennbare Verbindung zwischen Worten und Konzepten soll durch die Analyse der Etymologie der Wörter in diesem Vokabular und der Konnotationen, die sie im Laufe der Entwicklung moderner Nationalstaaten erlangt haben, herausgearbeitet werden, und zwar in Bezug auf das Spezifische einer Region oder Sprache. Dies zeigt sich zum Beispiel anhand von Übersetzungen – hier ins Französische – des Textes *Der moderne Denkmalkultus* von Alois Riegl.

Schlagwörter: Denkmal; Kulturerbe; Übersetzung; Nationenbildung; Terminologie

Depuis 1945, le besoin de traduction normée des termes et des concepts en lien avec le patrimoine et la conservation-restauration s'impose avec la création des Nations-Unies, et notamment de l'UNESCO.[1] Si la nécessité d'une normalisation des termes d'une langue à l'autre avait déjà été soulevée auparavant au sein de structures internationales, jusque dans les années 1940, les institutions comme l'*Institut international de coopération intellectuelle* (IICI) ou l'*Office international des musées* (OIM) sont majoritairement francophones et de langues romanes, la traduction des mots dans les langues anglo-saxonnes est un impératif secondaire. Avec l'UNESCO, il naît un besoin nouveau de traductions „officielles", tâche qui se révèle difficile : l'acte constitutif de l'institution utilise la formule *patrimoine universel* en français et *world's inheritance* en anglais.[2] L'expression a par la suite été traduite en allemand par *Welterbe*.[3] Cela dit, tant en anglais qu'en allemand, l'expression pourrait être retraduite par *héritage mondial* et non *patrimoine*, car les deux mots et notions existent.

Pourquoi tant de difficulté à traduire une expression qui semble pourtant désigner d'une langue à l'autre la même chose ? C'est peut-être que justement chaque expression correspond à des concepts spécifiques, propres à la langue qui les a forgés. La co-construction des identités nationales et des appareils de reconnaissance et de prise en charge du patrimoine ont fait évoluer les sens alloués aux mots, aboutissant à de nouvelles acceptions de termes comme *monument, patrimoine, Denkmal*. C'est ce lien intrinsèque entre l'histoire nationale et la dénomination des monuments et du patrimoine que nous observons à travers les difficultés

---

1 André Desvallées, « Termes muséologiques de base », in : *Culture & Musées* 1/7 (1995), p. 134–158.
2 Acte constitutif de l'UNESCO, Convention créant une Organisation des Nations Unies pour l'éducation, la science et la culture, adoptée à Londres le 16 novembre 1945, Art.1, §c.
3 Verfassung der Organisation für Bildung, Wissenschaft und Kultur (UNESCO), verabschiedet in London am 16. November 1945, zuletzt geändert von der 30. UNESCO-Generalkonferenz am 1. November 2001. Neue deutsche Textfassung, erarbeitet von der Deutschen UNESCO-Kommission in Zusammenarbeit mit der Österreichischen und der Nationalen Schweizerischen UNESCO-Kommission (2001), Art. 1, §c.

rencontrées lors des traductions du langage de la conservation-restauration et de ses concepts.

À l'origine des mots : étymologies comparées de *monument*, *Denkmal*, *patrimoine*

Lorsqu'il s'agit d'appréhender les concepts de monument, de patrimoine et d'héritage culturel, il faut déjà déterminer ce dont on parle. Ces termes ont été utilisés à travers les époques pour désigner une multitude de choses, chaque usage nous informant alors sur la manière dont les contemporains entretiennent une relation aux objets, mais aussi au temps et à leur généalogie – qu'il s'agisse de leurs ancêtres ou de leurs successeurs.

Au sein d'une seule et même langue, le vocabulaire propre aux monuments et au patrimoine soulève déjà de nombreuses interrogations quant aux acceptions de ce que les termes recouvrent. La difficulté s'intensifie dès lors qu'il faut en plus traduire ou transcrire ces mots, peu clairement définis ou délimités, dans une autre langue. La multiplicité des termes constitue déjà une première difficulté pour la traduction.

En français, le *monument* provient du latin *monumentum*, une forme déclinée du verbe *monere*, désignant l'action de « faire songer, faire souvenir », mais aussi « avertir, engager, exhorter » et « éclairer, instruire ». Le monument signifie autant le processus mental du souvenir que l'intermédiaire par lequel est évoqué ce souvenir – un signe, une marque. Ce lien est aussi perceptible en grec ancien : les mots issus de la racine μνήμη [mnémé] font tous partie du champ lexical du souvenir et de la mémoire.

Le terme *monument* existe dans une grande majorité des langues indo-européennes. Même si le terme apparaît dans leur vocabulaire, les langues slaves utilisent couramment une autre dénomination pour le monument, à partir de l'étymologie latine *mens*, qui signifie la pensée, l'esprit et du préfixe *po-*, signifiant *après*, comme dans *pomník* en tchèque ou polonais.

En allemand, si le terme *Monument* existe, c'est celui de *Denkmal* qui s'impose dans la langue vernaculaire à partir du XVIe siècle. L'une des toutes premières occurrences de ce terme se retrouve dans la traduction par Luther de la Bible : Martin Luther choisit de traduire *monumentum* par *Denkmal*.[4] Le mot est formé par l'association du verbe *denken*, qui signifie

---

4   Martin Luther, *Die fünff Bücher Mose*, Strasbourg, Rihel, [Ancien Testament, livre de l'Exode 13:09], 1540, p. 94.

« penser, réfléchir » et du suffixe *-mal*, doté d'un double sens, à la fois « point dans le temps d'un événement se répétant ou susceptible de se répéter », et « le signe, la tâche », marque entendue comme élément distinctif. Le monument est donc un signe du souvenir, de la mémoire, ce qui transparaît dans toutes les étymologies des mots, peu importe la langue.

Si *monumentum* a trouvé un équivalent dans la plupart des langues indo-européennes, il n'en va pas de même pour le terme de *patrimoine*. Issu du latin *patrimonium*, ce mot désigne à l'origine les biens hérités du père. S'il s'agissait d'abord d'un terme purement juridique – l'une des acceptions de sens toujours associées à ce mot de nos jours – le développement de ce mot pour parler des monuments et autres artefacts du passé est évocateur, puisqu'il souligne les deux dimensions essentielles : l'héritage et la filiation. Il s'est développé dans les langues latines, mais existe aussi dans un sens purement juridique en anglais. Le mot a connu un développement sémantique depuis les années 1930.[5]

Aucun équivalent allemand n'a émergé à partir de la racine latine, lorsqu'il est question de traduire *patrimoine*, le plus souvent une seule dimension est mise en avant, soit celle de l'héritage : on parle de *Erbgut*, de *kulturelles Erbe*. Cela place la filiation un peu en retrait. À l'inverse, la constitution allemande mentionne « *den Schutz deutschen Kulturgutes* »,[6] mettant plus ici en exergue la filiation, grâce à l'adjectif qualificatif national, conservant l'idée de l'héritage de manière implicite. D'autres langues ont également recours au mot *héritage* pour désigner ce qui est en français entendu comme patrimoine, comme en anglais, *heritage*.

Si « le mot *patrimoine*, comme ses équivalents dans les langues latines, couvre un sens plus large que les équivalents dans les autres langues »,[7] en allemand, c'est *Denkmal* qui s'est imposé. Ce terme apparaît beaucoup plus libre dans son utilisation, mais aussi plus difficile à traduire en français : s'il peut être interprété comme étant l'équivalent de notre *monument*, la flexibilité de son emploi rend parfois difficile de le transcrire comme tel. *Denkmal* peut aussi se traduire par *patrimoine* dans certaines situations.

---

5   Michela Passini, « Le patrimoine à l'épreuve de l'histoire transnationale : Circulations culturelles et évolutions du régime patrimonial pendant les années 1930 », in : *Vingtième Siècle. Revue d'histoire* 1/137, 2017, p. 49–61.
6   Grundgesetz für die Bundesrepublik Deutschland vom 23. Mai 1949, Art. 73. 5a.
7   Desvallées, « Termes muséologiques de base », p. 136.

Si *patrimoine* et *Denkmal* sont délicats à traduire dans d'autres langues, car ces mots sont liés aux conceptions et aux histoires nationales des États, la complexité de traduire *patrimoine* ou *Denkmal* met en exergue les ancrages culturels de mots propres à une langue.

Un vocabulaire né de la co-construction

Au cœur de la difficulté de traduction des termes du patrimoine, il n'y a pas tant un problème de langue qu'un problème de conception culturelle. Le vocabulaire du patrimoine a vu le jour au même moment où se développe le champ lexical des nations.

À partir de la fin du XVIIIe siècle, l'usage des termes *monument* et *Denkmal* évolue. Auparavant, les dictionnaires définissaient le monument comme un tombeau : le monument était la marque du souvenir, il témoignait et conservait la mémoire.[8] Les philosophes des Lumières, qui substituent à la représentation d'un temps cyclique l'idée d'un progrès continu,[9] permettent « [d']objectiver, [de] saisir le monument du dehors, comme document historique. »[10] L'usage du *monument* pour parler des édifices anciens en retourne la direction temporelle : la marque du souvenir érigée dans le présent à destination du futur est désormais observée depuis le présent dans un regard tourné vers le passé. Apparaît alors l'expression de *monument historique* ou *historisches Denkmal* : le monument est désormais lié à un adjectif qualificatif, il se multiplie en autant de concepts qu'il existe d'États qui s'en saisissent.

André Desvallées pointe le lien intrinsèque en France entre la conception du patrimoine et de l'histoire nationale :

> À partir de la notion de patrimoine personnel et familial, l'extension vers un patrimoine collectif semble pourtant bien avoir été amorcée dès la Révolution française, où le *patrimoine de la Nation* [...] tendit à devenir synonyme de *bien public*, à partir de l'extension de la nationalisation aux biens du clergé, puis à ceux des émigrés, en

---

8   Cela se retrouve dans les premières éditions de plusieurs dictionnaires en Europe : *A Table Alphabeticall of hard usual English words* de Robert Cawdrey (1604) ; *Tesoro de la Lengua Castellana o Española* de Sebastián de Covarrubias y Orozco (1611) ; *Vocabolario degli Accademici della Crusca* de l'Accademia della Crusca de Florence (1612) et dans la première édition du *Dictionnaire de l'Académie françoise dedié au Roy* de l'Académie française (1694).
9   Jacques Le Goff, *Histoire et mémoire*, Paris, Gallimard, coll. « Folio Histoire », 1988, p. 75.
10 Paul Philippot, « Histoire et actualité de la restauration », in : Internationaler Kongress Restauriergeschichte (éd.), *Geschichte der Restaurierung in Europa. Histoire de la Restauration en Europe*. Akten des Internationalen Kongresses "Restauriergeschichte", Interlaken 1989, Vol. I, Worms, Wernersche Verlagsgesellschaft, 1991, p. 7–13, ici p. 7.

prenant, dans les esprits, un sens plus large, que celui limité aux seuls biens appartenant à l'État, et qui donc allaient constituer l'héritage. Dans la pensée collective, le *patrimoine national* tendait à couvrir tout ce qui existe et peut être amené à devenir la propriété de tous. Mais, en même temps, les traces du passé avaient été laïcisées en devenant *patrimoine de la Nation*.[11]

Dans les autres pays, la conception d'un patrimoine national est différente : en Allemagne, les biens sont propriétés des monarchies, comme en Angleterre, ils sont donc privés. Il faut attendre la fin du XVIIIe siècle pour que le regard sur le patrimoine change, lorsqu'un lien affectif se tisse avec les édifices du passé, encouragés par les Romantismes, alors que la révolution industrielle redessine le visage de l'Europe.[12] Les dégâts causés par les armées napoléoniennes renforcent ce lien affectif : « l'occupation française, ses destructions, ses pillages, ses vexations aux populations, ont fait percevoir la valeur identitaire non seulement des monuments culturels mais aussi des monuments matériels. »[13] Tandis que la Révolution française a permis de voir émerger un patrimoine de la Nation *stricto sensu,* car propriété de l'État, les mouvements romantiques et nationalistes ont à leur tour forgé un patrimoine national *lato sensu.*

La naissance des monuments historiques est traversée de ces enjeux nationaux et émotionnels, grâce au développement corolaire du sentiment national.[14] Ceux-ci vont peser sur l'élaboration d'une pensée de la conservation-restauration, et donc, du vocabulaire lui étant lié. Chaque État se dote d'institutions pour recenser, inventorier, entretenir, préserver ce qu'il reconnaît comme monument, posant des mots sur ces nouvelles réalités tant émotionnelles qu'administratives. C'est aussi à cette époque que le sens du mot *monument* évolue dans les dictionnaires, afin d'inclure ce nouvel aspect. L'édition du dictionnaire Adelung de 1811 a rajouté qu'un monument « équivaut à une œuvre qui incarne une représentation des choses passées ou anciennes »,[15] qu'elle soit historique, artistique, nationale, etc.

---

11 Desvallées, « Termes muséologiques de base », p. 138–139.
12 Françoise Choay, *L'Allégorie du patrimoine*, Paris, Éd. du Seuil, 1992, p. 104.
13 Anne-Marie Thiesse, *La Création des identités nationales. Europe, XVIIIe-XXe siècle*, Paris, Éd. du Seuil, 1999, p. 149.
14 Miroslav Hroch, « National Romanticism », in : Balázs Trencsényi et Michal Kopeček (dir.), *National Romanticism: The Formation of National Movements: Discourses of Collective Identity in Central and Southeast Europe 1770–1945, volume II*, Budapest, Central European University Press, coll. « Discourses of Collective Identity in Central and Southeast Europe 1770–1945 », 2013, p. 4–18.
15 « [...] Ingleichen ein Werk, welches die Vorstellung von vergangenen oder veralteten Dingen enthält. » Johann Christoph Adelung, « Das Denkmahl », in : *Grammatisch-kritisches Wörterbuch der hochdeutschen Mundart*, Leipzig, 1811, p. 1449–1450.

Durant le XIXᵉ siècle, le vocabulaire de la conservation, de la restauration et des monuments est développé par chaque État en même temps que se mettent en place les structures étatiques modernes : la construction des nations et la reconnaissance des monuments historiques comme composant un patrimoine commun est concomitante.[16] Les mots sont connotés de sens particuliers, au regard des réalités politiques des États, rendant leur transcription délicate si l'on omet l'entièreté des notations et dénotations de ceux-ci.

Une illustration des enjeux : le *Culte moderne des monuments* d'Aloïs Riegl

La traduction des termes en lien avec les monuments historiques et le patrimoine est d'autant plus délicate et difficile lorsque le texte qu'il faut traduire a été rédigé dans un contexte sociolinguistique tout à fait différent de celui de la langue de réception. Non seulement les mots peuvent manquer, mais la vision du monument peut se révéler tout autre, au point que les repères que le traducteur possède – même inconsciemment – le biaisent dans son interprétation du texte. Cela se perçoit surtout à travers la réception de l'œuvre théorique d'Aloïs Riegl en France.

Der moderne Denkmalkultus est un texte d'Aloïs Riegl, conservateur général pour la commission centrale de préservation des monuments de l'empire des Habsbourg. Il propose une approche questionnant les valeurs des monuments, le rapport subjectif que nous entretenons envers eux et les conflits de valeurs qui peuvent entrer en jeu lorsqu'il s'agit d'intervenir sur un édifice ou un objet. Ce texte qui rend compte des réflexions de Riegl, à la fois théoricien et praticien de la conservation-restauration, était surtout destiné à dessiner les contours d'une potentielle loi de protection des monuments en Autriche – loi qui ne verra le jour qu'en 1923.

Le texte de Riegl n'a connu qu'une traduction tardive en français : la première en 1984, suivie de trois autres en 2002, 2003 et 2021. La première édition française est parue en mai 1984 aux éditions du Seuil, dans une traduction de Daniel Wieczorek.[17] La traduction est parue dans un contexte conflictuel : Daniel Wieczorek, germaniste, n'était pas le seul à proposer une traduction. Jacques Boulet, architecte, avait aussi entamé une traduction de son côté. Françoise Choay, directrice de la collection

---

16 Jean Davallon, *Le Don du patrimoine*, Cachan, Hermès Science publications-Lavoisier, 2006.
17 Aloïs Riegl, *Le Culte moderne des monuments*, Paris, Éd. du Seuil, 1984.

« Espacements » dans laquelle allait paraître la traduction, préféra la traduction de Wieczorek. En 2003, Boulet fait publier sa traduction, entamée dès 1982, avec des appendices justifiant ses choix opposés à ceux de Wieczorek.[18] Deux autres traductions du texte de Riegl existent à ce jour : une traduction par Jean-Pierre Marchand, dans le cadre de sa thèse de doctorat soutenue en 2002[19] et une traduction de Matthieu Dumont et Arthur Lochmann de 2021.[20]

Chacune de ces quatre traductions propose des points de convergence, mais surtout des points de divergence dans la traduction de nombreux concepts riegüéliens. La traduction de Wieczorek, puisque la première, est celle qui a connu le plus grand retentissement en France ; c'est celle qui est souvent citée par les chercheurs non-germanophones travaillant sur Riegl. Elle comporte pourtant plusieurs contresens et faux-sens qui induisent le lecteur en erreur quant aux intentions de Riegl. Les autres traductions ne sont pas non exempte d'erreurs – entre oubli et simplification. Il est difficile de traduire Riegl, qui utilise dans son texte un grand nombre de néologismes, notamment pour forger les concepts des « valeurs monumentales ».

Parmi ces quatre traductions, quelques partis-pris traductifs quant aux néologismes riegüéliens des valeurs, ainsi que quelques points quant aux interprétations qu'elles ont générées révèlent les enjeux traductifs autour du patrimoine.

Le premier problème est soulevé par la traduction de *Erinnerungswert*, pour laquelle trois traductions s'opposent : *valeur de remémoration*, *valeur de mémoire* et *valeur de souvenance*. Marchand justifie son choix par la volonté de calquer au concept de *souvenir* davantage qu'à celui de *mémoire*, puisque, selon lui, *Erinnerung* correspond au souvenir, là où la mémoire aurait plutôt été exprimée par le terme *Gedächtnis*.[21] Cette opposition entre souvenir et mémoire ne semble pas s'être posée pour Boulet et Wieczorek, puisque tous deux ont fait le choix de pencher pour une traduction d'*Erinnerung* par mémoire. L'idée de remémoration chez Wieczorek est bien trouvée, car elle sous-entend l'invocation de la

---

18　Aloïs Riegl, *Le Culte moderne des monuments : sa nature, son origine*, Paris, L'Harmattan, 2003.
19　Jean-Pierre Marchand, *Le temps du monument : l'apport d'Aloïs Riegl à une éthique de la transmission*, Volume II, Thèse de doctorat, Nancy, 2002.
20　Aloïs Riegl, *Le Culte moderne des monuments : sa nature et ses origines*, Paris, Éditions Allia, 2021.
21　Marchand, *Le temps du monument*, p. 589–590.

mémoire, comme lorsque l'on puise dans ses souvenirs. Chez Riegl, le *Erinnerungswert* semble s'approcher de la définition de Paul Ricœur de la mémoire « comme fonction spécifique de l'accès au passé ».[22] Peut-être qu'une quatrième traduction pourrait être *valeur de réminiscence*, pour allier souvenir et mémoire, tant dans l'aspect intime qu'interpersonnel soulevé par le terme allemand *Erinnerung*.

Quant au *gewollter Erinnerungswert*, le problème qui se pose est de traduire « gewollte ». Trois traductions choisissent l'adjectif *intentionnel* (Wieczorek, Marchand, Dumont/Lochmann), tandis que Boulet reste très proche du sens littéral avec *voulu*, sans doute pour rester aligné sur l'idée du *Kunstwollen*, autre concept de Riegl.[23] Marchand abandonne la « souvenance » au profit de la *commémoration intentionnelle*, qui nous semble être l'approche la plus fidèle au concept riguélien. *Commémoration* appelle implicitement un certain cérémoniel et une dimension politique, tout à fait appropriés lorsqu'il s'agit de tels monuments, de manière à mettre l'accent sur la conception initiale comme objet à destination commémorative.

Concernant les traductions de *Gegenwartswert*, deux interprétations se font face : *valeur de contemporanéité* et *valeur d'actualité*. Riegl entend ajouter par *Gegenwartswert* les valeurs attribuées aux monuments en tant qu'édifice du temps présent – sans rapport au passé – des valeurs non pas du présent, mais reconnues dans le présent. À ce titre, chacune des traductions propose une interprétation de ce temps présent : contemporain ou actuel. Il y a le *Gebrauchswert*, traduit par *valeur d'usage, d'utilisation* ou *utilitaire*. Le choix de Boulet semble un peu trop ancré dans une logique productiviste, peu représentative de la pensée de Riegl. La *valeur d'usage* de Wieczorek a l'inconvénient de se confondre avec la terminologie économique – qui est aussi la même en allemand pour *Gebrauchswert*. *Valeur d'utilisation* se démarque, tout en permettant de calquer le sens originel donné par Riegl.

La plus grande difficulté nous semble résider dans la traduction d'*Alterswert*. Il ne faut pas mésinterpréter ce que Riegl entend ici par *Alter* ; ce n'est pas tant le caractère ancien de l'objet, mais bel et bien que celui-ci ait vieilli. À ce titre, la traduction de Marchand nous semble la plus fidèle, car elle rend le concept d'*Alterswert* développé par Riegl : il s'agit d'une

---

22 Paul Ricœur, *La mémoire, l'histoire, l'oubli*, Paris, Éditions du Seuil, 2000, p. 6.
23 Aloïs Riegl, *Stilfragen (Grundlegungen zu einer Geschichte der Ornamentik)*, Berlin, Verlag von Georg Siemens, 1893.

valeur qui témoigne du temps qui s'est écoulé. Parler de *valeur d'ancienneté* occulte potentiellement cette action du vieillissement, du temps passé, en laissant trop de place à l'idée qu'il s'agit d'un objet d'autrefois. Lorsque Riegl parle des *Altersdenkmäler*, ses traducteurs parlent soit de *monuments anciens*, soit de *monuments vieux*, causant la même confusion. Le texte original est pourtant assez explicite quant à la caractéristique de cette valeur et de ces monuments, c'est-à-dire leur aspect extérieur qui témoigne qu'ils ont vécu, qui portent sur eux les stigmates du temps au-delà d'une ancienneté qui serait perçue au regard d'une esthétique ou de technique révolues. L'idée de *vieillissement* est peut-être la plus à même de rendre toute la complexité de la notion de Riegl.

Les néologismes de Riegl représentent un défi de traduction, tant ils condensent en un seul mot tout un système de pensée. Les mots que Riegl emploie sont sous sa plume dégagés d'une dimension politique nationaliste qui est ancrée dans le vocabulaire français.[24]

Concernant justement les valeurs monumentales, dans son ouvrage de 1996, *L'Allégorie du patrimoine*, Françoise Choay note que « curieusement, [la valeur nationale] sera passée sous silence par Aloïs Riegl […]. Omission éclairante. »[25] Ce que Françoise Choay perçoit comme une omission de la valeur nationale n'en est pas une. Riegl a rédigé un texte dans le contexte bien particulier de la commission centrale de l'empire des Habsbourg, il s'agit d'une esquisse pour une loi de protection des monuments : l'absence de la valeur nationale prend ici tout son sens. En tant que conservateur général pour l'État multinational des Habsbourg, Riegl aurait difficilement pu soutenir la primauté de la valeur nationale dans un texte qui ébauchait les contours d'une possible loi impériale de protection des monuments.[26]

Riegl n'a pas omis de parler de valeur nationale en règle générale, puisqu'il la mentionne dans d'autres publications, pour s'y opposer, en réponse notamment aux théories de l'historien de l'art allemand Georg Dehio. Celui-ci prononce en 1905 un discours à Strasbourg où il affirme que « nous préservons un monument non pas parce que nous le trouvons beau,

---

24 Passini, « Le patrimoine à l'épreuve de l'histoire transnationale », p. 4961.
25 Choay, *L'Allégorie du patrimoine*, p. 87.
26 À ce sujet voir Walter Frodl, *Idee und Verwirklichung: das Werden der staatlichen Denkmalpflege in Österreich*, Vienne, Böhlau, 1988 ; et Martha Fingernagel-Grüll, *Zur Geschichte der österreichischen Denkmalpflege: Die Ära Helfert, Teil II: 1892 bis 1910*, Göttingen, Vandenhoeck & Ruprecht, 2019.

mais parce qu'il fait partie de notre existence nationale. »[27] En tant que conservateur général pour l'empire multinational des Habsbourg, Riegl réprouve son approche, car la sensibilité nationale ne devrait pas motiver la préservation des monuments, seule la sensibilité humaine le doit. Il déplore sa conception qu'il rapproche de la vision française des monuments nationaux : la valeur nationale évacue selon Riegl toute réalité affective que l'on peut ressentir devant une œuvre, peu importe la nationalité de son créateur.[28] Le statut de Riegl explique sa posture qui transparait dans ses écrits. La préface offre peu d'indications quant au cadre de rédaction de Riegl, qui aurait pourtant permis de saisir sa pensée dans toute sa complexité.

La traduction de Wieczorek a été rééditée en 2013 dans une version complétée et corrigée. Dans les annexes, le traducteur propose une traduction du discours tenu par Dehio à Strasbourg en 1905, élément clef pour la compréhension du développement théorique de Riegl. Il le présente comme une réponse au texte de Riegl, qualifiant leurs approches de complémentaires. Elles le sont, certes, mais Wieczorek ne mentionne pas que Dehio et Riegl étaient fondamentalement opposés sur la question de la valeur nationale des monuments. Il est dommage ici de ne pas profiter de la réédition, mais surtout de l'ajout du texte de Dehio pour recontextualiser plus concrètement l'approche de Riegl dans la préface.

Dans sa traduction du texte de Dehio, Wieczorek fait cette fois-ci le choix de ne pas traduire le terme de *Denkmalpflege*, le laissant en italique, dans le texte, alors que dans le corps du texte de Riegl, il fait le choix de traduire *Denkmalpflege* par *politique de conservation des monuments historiques*.[29] Pourquoi un tel choix ? Chez Riegl, le terme *politique* n'est pas apposé à celui de *Denkmalpflege*, mais le choix de cette formule pour la traduction par Wieczorek témoigne d'une vision politisée de la conservation et de la restauration des monuments, qui n'est pas propre qu'à la France, puisque l'Allemagne, aussi, la partage. *Denkmalpflege* est

---

27 « Wir konservieren ein Denkmal nicht, weil wir es für schön halten, sondern weil es ein Stück unseres nationalen Daseins ist. » Georg Dehio, « Denkmalschutz und Denkmalpflege im Neunzehnten Jahrhundert. Festrede an der Kaiser-Wilhelms-Universität zu Straßburg, den 27. Januar 1905 », in : *Kunsthistorische Aufsätze*, Oldenbourg, Munich, 1914, p. 261–282, ici p. 268.
28 Alois Riegl, « Neue Strömungen in der Denkmalpflege », in : *Mitteilungen der K. K. Zentralkommission für Erforschung und Erhaltung der Kunst- und historischen Denkmale*, Vienne, k.k. Hof- und Staatsdruckerei, 1905, p. 85–104, ici p. 88.
29 Riegl, *Le Culte moderne des monuments*, p. 42.

généralement traduit par « conservation des monuments » ou « entretien des monuments », ce qui ne permet pas en français de conserver la dimension de soin que l'expression allemande transmet. Boulet choisit *préservation*, tandis que Marchand, comme Wieczorek, préfère *entretien*[30] et que Lochmann et Dumont penchent pour *conservation*. Le terme de *Pflege* évoque l'idée d'un lien personnel, émotionnel et du besoin d'une attention particulière envers le monument, tout en maintenant l'idée d'une interaction. Dans le cadre du monument, nous pouvons supposer qu'il existe une interaction entre le spectateur, le conservateur, et le monument : l'un donne à éprouver à l'autre des émotions, des souvenirs, une mémoire – individuelle, collective ou même fictionnelle ; tandis qu'en retour, l'autre prodigue un entretien, une attention, un soin à ce que l'artéfact subsiste, de manière à faire perdurer cette émotion. Le spectateur aussi prodigue des soins et participe à la conservation en portant de l'intérêt au monument, le regard du spectateur participe à la conservation et au soin des monuments. Si le conservateur agit concrètement quant à la restauration des monuments, le spectateur joue un rôle tout aussi important, indirectement. Par son regard et la considération qu'il porte aux monuments, il participe à leur conservation.

Cette interprétation de l'expression *Denkmalpflege* s'inscrivait dans une éthique du *care*,[31] appliquée ici à des objets ou des lieux avec lesquels sont tissées des relations d'attachement, entre conflits et responsabilités. Si l'on traduisait *Denkmalpflege* par le *soin des monuments*, cela permettrait peut-être d'expliciter davantage la dimension émotionnelle des monuments, et d'expliquer la difficulté de prendre des décisions tranchées, malgré des règles en vigueur, en raison du caractère unique de chaque situation. Il semble que l'expression allemande *Denkmalpflege* laisse davantage de place à la multiplicité de notre rapport aux monuments.

La problématique de traduction des termes liés au patrimoine ne fait que se complexifier d'année en année, au regard de l'élargissement des catégories d'objets, de sites, mais aussi de pratiques qui peuvent désormais être caractérisées comme faisant partie du patrimoine universel ou de notre héritage culturel. L'évolution des langues, ainsi que celle des pratiques, laisse présager une évolution des traductions, d'autant plus que, nous l'avons vu, rien n'est gravé dans la pierre.

---

30 C'est aussi le manière dont il traduit *Denkmalschutz*. Ibid., p. 35.
31 Joan C. Tronto, *Un monde vulnérable : pour une politique du care*, Paris, La Découverte, 2009.

Bibliographie

Adelung, Johann Christoph, « Das Denkmahl », in : *Grammatisch-kritisches Wörterbuch der hochdeutschen Mundart*, Édition viennoise, Vienne, Anton Pichler, 1808–1811, p. 1449–1450.

Choay, Françoise, *L'Allégorie du patrimoine*, Paris, Éditions du Seuil, coll. « Couleur des idées », 1992.

Davallon, Jean, *Le Don du patrimoine*, Cachan, Hermès Science publications-Lavoisier, 2006.

Dehio, Georg, « Denkmalschutz und Denkmalpflege im Neunzehnten Jahrhundert. Festrede an der Kaiser-Wilhelms-Universität zu Straßburg, den 27. Januar 1905 », in : *Kunsthistorische Aufsätze*, Munich, Oldenbourg, 1914, p. 261–282.

Desvallées, André, « Termes muséologiques de base », in : *Culture & Musées* 1/7 (1995), p. 134–158.

Fingernagel-Grüll, Martha, *Zur Geschichte der österreichischen Denkmalpflege: Die Ära Helfert, Teil II: 1892 bis 1910*, Vienne, Böhlau, 2019.

Frodl, Walter, *Idee und Verwirklichung: das Werden der staatlichen Denkmalpflege in Österreich*, Vienne, Böhlau, 1988.

Hroch, Miroslav, « National Romanticism », in : Balázs Trencsényi et Michal Kopeček (dir.), *National Romanticism: The Formation of National Movements: Discourses of Collective Identity in Central and Southeast Europe 1770–1945, volume II*, Budapest, Central European University Press, coll. « Discourses of Collective Identity in Central and Southeast Europe 1770–1945 », 2013, p. 4–18.

Le Goff, Jacques, *Histoire et mémoire*, Paris, Gallimard, coll. « Folio Histoire », 1988.

Marchand, Jean-Pierre, *Le temps du monument : l'apport d'Aloïs Riegl à une éthique de la transmission*, Volume II, Thèse de doctorat, Nancy, 2002.

Passini, Michela, « Le patrimoine à l'épreuve de l'histoire transnationale : Circulations culturelles et évolutions du régime patrimonial pendant les années 1930 », in : *Vingtième Siècle. Revue d'histoire* 1/137, 2017, p. 49–61.

Paul Philippot, « Histoire et actualité de la restauration », in : Internationaler Kongress Restauriergeschichte (éd.), *Geschichte der Restaurierung in Europa. Histoire de la Restauration en Europe.* Akten des Internationalen Kongresses "Restauriergeschichte", Interlaken 1989, Vol. I, Worms, Wernersche Verlagsgesellschaft, 1991, p. 7–13.

Ricœur, Paul, *La mémoire, l'histoire, l'oubli*, Paris, Éd. du Seuil, 2000.

Riegl, Aloïs, *Stilfragen (Grundlegungen zu einer Geschichte der Ornamentik)*, Berlin, Verlag von Georg Siemens, 1893.

Riegl, Aloïs, « Neue Strömungen in der Denkmalpflege », in : *Mitteilungen der K. K. Zentralkommission für Erforschung und Erhaltung der Kunst- und historischen Denkmale*, Vienne, k.k. Hof- und Staatsdruckerei, 1905, p. 85–104.

Riegl, Aloïs, *Le Culte moderne des monuments*, trad. Daniel Wieczorek, Paris, Éd. du Seuil, 1984.

Riegl, Aloïs, *Le Culte moderne des monuments : sa nature, son origine*, trad. Jacques Boulet, Paris, L'Harmattan, 2003.

Riegl, Aloïs, *Le Culte moderne des monuments : sa nature et ses origines*, trad. Matthieu Dumont et Arthur Lochmann, Paris, Éditions Allia, 2021.

Thiesse, Anne-Marie, *La Création des identités nationales. Europe, XVIIIe-XXe siècle*, Paris, Éd. du Seuil, 1999.

Tronto, Joan C., *Un monde vulnérable : pour une politique du care*, Paris, La Découverte, 2009.

Jasmin Berger

Überwindung von Sprachgrenzen in den *Asterix*-Comics: Übersetzungen und Übertragungen ins Standarddeutsche und Hessische

Abstract

Die Überwindung sprachlicher und kultureller Grenzen ist eine der Hauptaufgaben von Übersetzer*innen in ihrem Berufsalltag. Auch bei der Übersetzung von Comics ist die Aufbereitung des Ausgangstexts, in diesem Falle der französischen *Asterix*-Comics, für ein deutsches Zielpublikum unerlässlich, jedoch immer mit der Herausforderung, nicht zu viel des Charakters des Ausgangstexts zu verlieren. Anders sieht es bei den Mundartbänden der *Asterix*-Comics aus, bei denen ihre Überträger*innen wesentlich mehr kreative Freiheit bei ihrer Arbeit genießen. Am Beispiel der standarddeutschen, vor allem aber der hessischen Versionen der *Asterix*-Comics von Jürgen Leber wird in diesem Beitrag gezeigt, wie es gelingen kann, sprachliche und kulturelle Grenzen bei der Übertragung des Comics zu überwinden, um einen ursprünglich französischen Text für ein deutsches bzw. hessisches Publikum zugänglich zu machen.

Schlagwörter: *Asterix*-Comics; Sprachgrenzen; Kulturvermittlung; Hessisch; Mundartbände; Jürgen Leber

Résumé

Franchir les frontières linguistiques et culturelles est l'une des tâches principales des traducteurs dans leur quotidien professionnel. Lors de la traduction de bandes dessinées, en l'occurrence des bandes dessinées françaises d'*Astérix*, il est également indispensable d'adapter le texte original à un public cible allemand tout en répondant à l'exigence de ne pas altérer le caractère singulier du texte source. La situation est différente pour les albums en dialecte de la bande dessinée *Astérix* qui accordent une plus grande liberté créative aux auteurs. A travers l'étude des versions en allemand standard et surtout des adaptations hessoises de Jürgen Leber, cet article entend démontrer qu'il est possible de dépasser les frontières linguistique et culturelle lors de l'adaptation de la bande dessinée afin de rendre accessible un texte français à un public allemand ou hessois.

Mots-clés : BD *Astérix* ; frontières linguistiques ; médiation culturelle ; hessois ; albums en dialecte ; Jürgen Leber

Die Überwindung von Sprachgrenzen stellt eine zentrale Rolle in der Anfertigung von Übersetzungen dar. In diesem Beitrag soll anhand des Beispiels der Übersetzungen und Übertragungen der *Asterix*-Comics aus dem Französischen ins Standarddeutsche und von dort in einen hessischen Dialekt gezeigt werden, welche Hindernisse und Herausforderungen bei einer solchen Übersetzung auftauchen können, und wie es den Übersetzer*innen gelingen kann, Sprachgrenzen zu überwinden und eine Brücke zwischen Ausgangs- und Zielkultur zu bauen.

Gudrun Penndorfs Übersetzungen der ersten 29 *Asterix*-Bände, die maßgeblich zum Erfolg von *Asterix* in Deutschland beigetragen haben, sowie ihre Übersetzungsstrategien zur Überwindung der Sprach- und auch Kulturgrenzen zwischen dem Französischen und dem Deutschen werden in diesem Beitrag untersucht. Nach einer näheren Beleuchtung des Hessischen wird eine begriffliche Abgrenzung zwischen *Mundart* und *Dialekt* vorgenommen. Anschließend wird als Beispiel für die Überwindung kultureller und sprachlicher Grenzen innerhalb einer Nation auf regionaler Ebene die Übertragung einiger *Asterix*-Bände ins Hessische von Jürgen Leber anhand einer Beispielszene analysiert.

Ziel dieses Beitrags ist es, die Vorgehensweise der Übersetzer*innen bei der Übertragung einer französisch geprägten Geschichte in einen anderen kulturellen Kontext darzustellen. Nicht nur die Übersetzung auf der sprachlichen Ebene, sondern auch die Anpassung von Anspielungen und Witzen, und vor allem die Markierung der hessischen Regionalität und Identität in den Dialektübertragungen werden hier als Basis dienen, um folgende Leitfrage zu beantworten: Wie gelingt es den Übersetzer*innen bzw. Überträger*innen der *Asterix*-Comics, mit ihrer Arbeit nicht nur sprachliche, sondern auch kulturelle Grenzen zu überwinden, um die Comics für ein deutsches bzw. hessisches Publikum zugänglich zu machen?

Die Erfolgsgeschichte der *Asterix*-Comics von Albert Uderzo und René Goscinny

Der erste Teil einer *Asterix*-Geschichte, nämlich *Asterix, der Gallier* bzw. *Astérix le Gaulois*, erschien 1959 in der ersten Ausgabe der französischen Jugendzeitschrift *Pilote* als französische Antwort auf die damals marktbeherrschenden amerikanischen Comics.[1] Bereits zwei Jahre später erschien die erste kanonierte Ausgabe beim *Dargaud* Verlag. Ab 1966 startete der Siegeszug der Geschichten von Albert Uderzo und René Goscinny in ganz Europa.

Nach den ersten stark deutschnational geprägten Übersetzungsversuchen Rolf Kaukas ins Standarddeutsche in *Lupo Modern*[2] eroberte *Asterix* schließlich ab 1968 die Herzen seiner deutschsprachigen Fans.[3] In diesem Jahr übernahm Gudrun Penndorf als ausgebildete Übersetzerin die Anfertigung der deutschen Versionen von Band eins bis 29 der heute vierzig *Asterix*-Bände. Ihr verdankt *Asterix* den fast ebenso großen Erfolg in Deutschland wie in Frankreich.

Insgesamt wurden die heute vierzig Bände weltweit in 111 Sprachen und Dialekten inzwischen ca. 390 Millionen Mal verkauft, 130 Millionen davon allein in Deutschland, also ein Drittel.[4] Zudem gibt es zahlreiche Sonderauflagen, Sammelbände und Lexika und seit 1995 die Auflage der Mundart-Bände im deutschen Sprachraum, von denen bisher insgesamt zwei Millionen Exemplare verkauft wurden.[5]

Asterix und die Dialekt- oder Mundart-Bände

Seit spätestens den 1990er Jahren begrenzt sich die Übersetzung von *Asterix*-Comics nicht mehr nur auf Nationalsprachen. Mittlerweile existieren auch nicht nur im deutschsprachigen Raum zahlreiche Dialektübertragungen.[6] Zu einer der erfolgreichsten Übertragungen zählen die hessischen

---

1 Marco Mütz, *Lexikon. Die Geschichte von Asterix*, Deutsches Asterix Archiv, 2024, https://www.comedix.de/lexikon/special/geschichte_von_asterix/pilote.php; Stand: 11.07.2024.
2 Peter Sulzbach, „Politische Bildung für die Kleinen", in: *Pardon* (1965/6). k. A.
3 Eckart Sackmann, „'Asterix' – ein unbesiegbarer Gallier kommt über den Rhein", in: Ders. (Hg.), *Deutsche Comicforschung. Band 13. Comicplus+*, Leipzig, Verlag Sackmann und Hörndl, 2017, S. 116–129.
4 Vgl. Egmont, *Asterix. 60 Jahre Asterix – ein großes Jubiläum!*, 2024, https://www.egmont-shop.de/comics/asterix/; Stand: 11.07.2024.
5 Egmont: *60 Jahre Asterix*, o.S.
6 Es gibt bspw. einige französisch-regionalsprachige Übertragungen, z.B. auf Okzitanisch, Elsässisch oder Baskisch. Philippe Magneron, *Astérix (en langues régionales)*,

Asterix-Bände von Jürgen Leber, die in diesem Beitrag genauer untersucht werden.

Bereits 1996 gewann Jürgen Leber – noch als Student der Politikwissenschaften – einen Mundartwettbewerb des Egmont-Ehapa-Verlags, der ihn schließlich zum Autor des ersten hessischen Mundartbandes machte:[7] 1997 erschien mit *Hibbe un dribbe*, die hessische Version von *Der große Graben*, Lebers *Asterix*-Debüt. Mit über 160.000 verkauften Exemplaren[8] zählt dieses Album zu den erfolgreichsten der mittlerweile knapp hundert Band starken Reihe der Mundartbände des deutschen Ehapa-Verlags.[9]

Mit den Mundartbänden traf der Verlag Mitte der 1990er Jahre den Zeitgeist der damals rollenden Mundartwelle, die ihren Anfang bereits in den 1970er Jahren hatte. Sie stand für die Rückbesinnung auf die „überschaubare heimische Region"[10] im Kontrast zu der immer einflussreicher werdenden Globalisierung und der damit einhergehenden fortschreitenden (sprachlichen) Vereinheitlichung. Die Verwendung der jeweiligen Mundart bzw. des Dialekts aus der Region, mit der sich die Menschen identifizieren, ermöglicht es, trotz Globalisierung die eigene (regionale) Identität auch heute noch aufrechtzuerhalten.

Da nun schon mehrmals die Begriffe Mundart und Dialekt in diesem Artikel gefallen sind, stellt sich unumgänglich die Frage: Womit haben wir es denn nun mit dem Hessischen zu tun, in das Jürgen Leber die *Asterix*-Bände überträgt? Mit einer Mundart oder vielmehr einem Dialekt?

Hier liegt ein sprachliches Dilemma in der begrifflichen Unterscheidung vor. Die Wortherkunft und -bedeutung ist zwar eindeutig: *Dialekt* stammt aus dem Griechischen und heißt so viel wie *Unterredung*, *Art des Redens* oder *Redensweise*. „In fast allen heutigen Dialekten ist dieses Fremdwort die heimische Bezeichnung für das, was man unter ortsgebundener, einheimischer Sprache versteht",[11] schreibt Heinrich Löffler dazu.

Bédéthèque, 2022, https://www.bedetheque.com/serie-18063-BD-Asterix-en-langues-regionales.html; Stand: 11.07.2024.

7 Jürgen Leber, *Comics*, 2024, http://www.guude.com/publikationen/; Stand: 07.02.2024.
8 Marco Mütz, *Mundart-Tagebuch – Jürgen Leber*, Deutsches Asterix Archiv, 2008, https://www.comedix.de/lexikon/special/mundart_tagebuch/juergen_leber.php; Stand: 11.07.2024.
9 Egmont, *Asterix Mundart*, 2024, https://www.egmont-shop.de/comics/asterix/mundart/; Stand: 11.07.2024.
10 Vgl. Hans Friebertshäuser, *Die Mundarten in Hessen. Regionalkultur im Umbruch des 20. Jahrhunderts*, Husum, Husum Druck- und Verlagsgesellschaft mbH u. Co. KG, 2004, S. 11.
11 Heinrich Löffler, *Dialektologie. Eine Einführung*, Tübingen, Gunter Narr Verlag, 2003, S. 2.

Auch ist bekannt, dass Philipp von Zesen 1641 das neue Wort *Mundart* als eine „gelehrte deutsche Entsprechung für das Fremdwort *Dialekt*"[12] einführte, womit die beiden Begriffe bedeutungsgleich waren.

Allerdings werden *Dialekt* und *Mundart* immer wieder in unterschiedlicher Weise verwendet. Es besteht bspw. die Tendenz, *Dialekt* und *Dialektologie* für die strukturelle Linguistik zu reservieren, „während *Mundart* und *Mundartforschung* eher für das ‚untere' Sprachleben und die traditionell ‚sprachwissenschaftliche' Forschung gebraucht wird."[13] Allen Definitionen gemeinsam ist die Unselbstständigkeit der Begriffe *Mundart* und *Dialekt*, da sie nur in der Gegenüberstellung mit ihrem jeweiligen Gegenstück, nämlich der Hoch- bzw. Standardsprache, der Schriftsprache usw., bestimmt werden können. Die Hochsprache wird Dialekten dabei meist übergeordnet, womit es bereits innerhalb einer Gesellschaft zur Setzung von Sprachgrenzen kommt. Dies führt häufig dazu, dass Dialekte unter einem niedrigen Prestige leiden und in der Folge oft vom Aussterben betroffen sind, wie z.B. das Hessische.

Der Übergang von Dialekt zu Standardsprache ist nicht stufenlos. Friebertshäuser nimmt folgende Unterteilung vor: Basisdialekt (1), Verkehrsdialekt (2), Umgangssprache (3) und Standardsprache (4).[14] Eine Varietät gilt erst dann als eigenständige Sprache, wenn sie nach einer festgelegten Norm oder Kodifikation auch als Schriftsprache genutzt wird. Wenn sie dann auch noch Literatur produziert, ist ihre Anerkennung als Sprache umso leichter. Das ist beim Hessischen allerdings nicht der Fall, wobei die Grenzen fließend sein können. Ausnahmen bestätigen wie so oft die Regel: Trotz der Mündlichkeit der hessischen Dialekte hat Jürgen Leber sie in den hessischen *Asterix*-Bänden dennoch verschriftlicht, seinen eigenen Normen der Kodifikation folgend.

In Anlehnung an Löffler wird in diesem Artikel der Begriff *Dialekt* für die Bezeichnung des Hessischen als „Dachdialekt" und *Mundart* für seine sprachlich und lokal gebrauchten Variationen verwendet.

Die hessischen Dialekte

Das Hessische existiert – wie andere Dialekte auch – keineswegs in Reinform. Es wird zu den Westmitteldeutschen Dialekten gezählt und unterteilt sich selbst wiederum – je nach dem Ziehen der Dialektgrenzen – in vier

---

12 Ebd.
13 Ebd., S. 3.
14 Friebertshäuser, *Die Mundarten in Hessen*, S. 14–15.

bis sechs Dialekte (bspw. Südhessisch, Zentral- oder Mittelhessisch, Wittgensteiner Platt, Nordhessisch bzw. Niederdeutsch und Niederhessisch, sowie Osthessisch), deren Sprachlandschaften wiederum von unterschiedlichen sprachlichen Variationen, den Mundarten, geprägt sind.[15] Der Übergang von einem Sprach- bzw. Kernraum zu einem anderen ist fließend und durch sogenannte Interferenzlandschaften geprägt.[16] Heute findet man kaum noch Sprecher*innen, die nur den Basisdialekt verwenden. Vielmehr richtet sich die Sprachwahl der Sprecher*innen nach der Situation,[17] dem Thema und dem Gesprächspartner.[18]

In urbaneren Gebieten haben nicht nur die Industrialisierung, sondern vor allem auch die Globalisierung in den letzten Jahren und Jahrzehnten den Dialektgebrauch und die mundartliche Raumstruktur gewandelt.[19] Beginnend in den Großstädten und sich später auch auf die entlegensten Dörfer ausweitend, wurde der Alltag der Menschen zunehmend geprägt durch Mobilität, Geschwindigkeit und Vernetzung. Der Kontakt und die Überlagerung unterschiedlicher Dialekt- und Mundartgruppen führte zur Entstehung eines neuen Sprachraums und der Ausprägung einer umgangssprachlichen Varietät, die sich vom Rhein-Main-Gebiet bis nach Südhessen erstrecken: Als eine Art „großräumige Regionalsprache und hochsprachennahe Varietät"[20] entstand das *Neuhessische*. Es ist sprachlich dem Standarddeutschen wesentlich näher als die traditionellen hessischen Mundarten, auch wenn es in bestimmten Wörtern, der Aussprache und auch der Grammatik teilweise vom Standarddeutschen abweicht. Das Neuhessische fällt in die oben beschriebenen Kategorien des Verkehrsdialekts bzw. der Umgangssprache und wird auch als Regiolekt bezeichnet. Es wird i.d.R. nicht für „öffentliche" Kommunikation genutzt. Dafür wird weiterhin die Standardsprache verwendet.[21]

Neben dem Neuhessischen existieren einige hessische Basisdialekte noch weiter und auch das Neuhessische selbst hat verschiedene regionale

---

15 Friebertshäuser, *Die Mundarten in Hessen*, S. 16.
16 Hans Friebertshäuser, *Kleines hessisches Wörterbuch*, München, C.H. Beck'sche Verlagsbuchhandlung, 1990, S. 12.
17 Vgl. Hans Friebertshäuser, *Das hessische Dialektbuch*, München, C.H. Beck'sche Verlagsbuchhandlung, 1987, S. 111–113.
18 Trudel Meisenburg, Die soziale Rolle des Okzitanischen in einer kleinen Gemeinde im Languedoc (Lacaune/Tarn), Tübingen, Max Niemeyer Verlag, 1985, S. 4.
19 Vgl. Karlheinz Hasselbach, *Die Mundart des zentralen Vogelsberg*, Marburg, N.G.Elwert Verlag, 1971, S. 178–179.
20 Friebertshäuser, *Die Mundarten in Hessen*, S. 25.
21 Vgl. ebd., S. 104.

Prägungen. Allgemein ist eine höhere Verständlichkeit zwischen den Dialektsprechenden des Neuhessischen gegeben als zwischen Sprecher*innen der einzelnen Basisdialekte.

Diesen Vorteil der „überregionalen Verstehbarkeit"[22] machen sich nicht nur hessische Comedians wie *Badesalz* oder hessische Bands wie die *Rodgau Monotones* zunutze, sondern auch bspw. Jürgen Leber mit seinen Übertragungen einiger *Asterix*-Bände ins Neuhessische.

Die hessischen *Asterix*-Übertragungen von Jürgen Leber

Elf der heute vierzig *Asterix*-Bände wurden von Jürgen Leber ins (Neu-)Hessische übertragen. An dieser Stelle wird bewusst eine terminologische Unterscheidung zwischen den Begriffen *Übersetzung* und *Übertragung* vorgenommen. Während bei einer *Übersetzung* das Ziel ist, möglichst nah am Original zu bleiben und nur Kleinigkeiten abzuändern, um diese für das zielsprachliche Publikum zugänglich zu machen, so ist bei einer *Übertragung* ein größerer Spielraum gegeben. Wie die hessischen *Asterix*-Versionen zeigen werden, geht es bei den Übertragungen vielmehr darum, eine Geschichte an die Zielkultur und das Zielpublikum anzupassen, nicht andersherum. Diese Definition soll für diesen Beitrag gelten, in Anlehnung an die begriffliche Unterscheidung, die auch Jürgen Leber zwischen *Übersetzung* und *Übertragung* vornimmt.

In einem Interview mit Jürgen Leber[23] berichtet er von seiner Arbeit als *Asterix*-Überträger (so steht es auch – auf Hessisch – auf jedem der hessischen Covers: „Übertrage vom Jürgen Leber") und den Höhen und Tiefen des Übersetzungsprozesses. Eine seiner goldenen Regeln beim *Asterix*-Übertragen sei es, mindestens eine Anspielung auf Goethe und eine auf das hessische Komikerduo *Badesalz* einzubauen. Ähnlich wie Gudrun Penndorf berichtet auch Jürgen Leber von den französischen Kontrollen der hessischen Übertragung vor der Veröffentlichung: „Das hessische Manuskript wird vollständig auf französisch [sic!] zurück übersetzt [sic!] und muß [sic!] dann vom französischen Verlag freigegeben werden."[24]

So findet die Überwindung der Sprachgrenzen in der Zusammenarbeit der Übersetzer*innen und Überträger*innen mit dem Verlag statt. Der Verlag behält dabei weitestgehend die Kontrolle, um zu starke Abweichungen vom Original vor der Veröffentlichung zu unterbinden. In den

---

22 Ebd.
23 Interview mit Jürgen Leber vom 19.01.2023.
24 Mütz, *Mundart-Tagebuch – Jürgen Leber*.

Mundartbänden genießen die Überträger*innen mehr Freiräume als die der Standardsprache. Dies ist u.a. dem Fakt geschuldet, dass die Rücküberträger*innen nicht unbedingt des Hessischen mächtig sind und so einige Anspielungen übersehen werden können.

Die Kunst des Übersetzens

Einige Bemerkungen zum Übersetzen im Allgemeinen, bevor auf die Besonderheiten von Dialekt- und Comic-Übersetzungen eingegangen wird. Bei jeder Übersetzung wird der Übersetzer/die Übersetzerin mit einem klassischen Zielkonflikt konfrontiert: „Einerseits soll der resultierende Text in der Zielsprache ‚funktionieren', andererseits aber soll er der Ausgangssprache/-kultur (und korrekt natürlich: dem Ausgangstext) angemessen sein."[25]

Vor allem die *Asterix*-Comics, die schon im französischen Original reich an Wortwitzen, sprachlichen Spielereien, kulturellen Anspielungen und Elementen sprachlicher Variationen sind, stellen eine Herausforderung für die Übersetzer*innen dar. Ihre Aufgabe ist es, den französisch geprägten Ausgangstext so aufzubereiten und zu übersetzen, dass er für das Zielpublikum nicht nur verständlich ist, sondern dass er ebenso viele Witze und Anspielungen wie im Original enthält, ohne dass bei dieser Angleichung zu viel vom Ausgangstext verloren geht.

Bei der Übersetzung von Witzen gibt es drei Möglichkeiten, wie Gudrun Penndorf sie beschreibt:[26] Funktioniert ein Witz auch im Deutschen, dann wird dieser mittels einer *Äquivalenz* wörtlich übertragen. Wenn dies nicht der Fall ist, so kann sich die Übersetzerin einen neuen Witz in der Zielsprache suchen, der den Witz in der Ausgangssprache ersetzt bzw. *substituiert*. Ergibt sich in der Zielsprache die Möglichkeit, einen zusätzlichen Witz unterzubringen, den es im Original an dieser Stelle nicht gibt, so ist dies das Mittel der *versetzten Äquivalenz*.

Nun handelt es sich bei den *Asterix*-Geschichten bekanntlich um Comics, weshalb für die Übersetzer*innen als zusätzliche Herausforderung

---

25 Horst Simon, „(Ver)setzungen sprachlicher und kultureller Bezüge in dialektalen Asterix-Übersetzungen", in: Ingeborg Rabenstein-Michel (Hg.), *Deutsche Comics. Von der Tradition zur Innovation* (Germanistik zwischen Tradition und Innovation – Akten des XIII. Internationalen Germanistenkongresses Shanghai 2015, Bd. 12, hg. v. Jianhua Zhu, Jin Zhao & Michael Szurawitzki), Berlin, Lang, 2018, S. 199–203, hier S. 199.
26 Vgl. Gudrun Penndorf, „Asterix übersetzen – oder das Wechselspiel in Bild und Sprache", in: Kai Brodersen (Hg.), *Asterix und seine Zeit. Die große Welt des kleinen Galliers*, München, C.H. Beck, 2001, S. 214.

der beschränkte Platz in den Sprechblasen, die Unveränderlichkeit der Bilder, und schließlich auch die begrenzte Möglichkeit, zusätzliche Erklärungen als Fußnoten einzufügen, hinzukommt.[27]

Die Kunst des Dialektübertragens

Indem sich Übersetzer*innen für eine bestimmte Übersetzungsmöglichkeit entscheiden, geben sie ihrem Text auch immer eine persönliche Note. Diese wird noch viel deutlicher bei den Dialektübertragungen. Dialekte sind häufig nicht verschriftlicht, folglich gibt es auch keine festgeschriebene Rechtschreibung bzw. keinen universellen Standard, auf den sich jeder beziehen kann, wie es bei der deutschen *Standard*sprache der Fall ist. Der Übersetzer entscheidet sich für eine Schreibweise, die seiner oder ihrer Meinung nach die sprachlichen Laute am besten wiedergibt. Da sich ein Dialekt in sich selbst schon je nach Ort und Region stark unterscheiden kann (Stichwort *Mundarten*), haben Dialektüberträger*innen häufig eine starke regionale Prägung aus der Gegend, aus der sie stammen bzw. mit deren Variation sie sich identifizieren. Dies sollte bei der Untersuchung eines Dialektbandes beachtet werden.

Um einen Text übersetzen oder übertragen zu können, muss er natürlich erst in der Ausgangssprache verstanden werden, bevor er für das Zielpublikum neu verschlüsselt werden kann. Mangelt es an den nötigen Sprachkompetenzen in der Ausgangssprache, so wird häufig eine bereits angefertigte Übersetzung in einer Sprache aus dem jeweiligen Kompetenzgebiet verwendet. So stützen sich die Überträger*innen der meisten deutschen Mundartbände – wie auch Jürgen Leber – auf die standarddeutschen Übersetzungen für ihre Arbeit.[28]

Verschriftlicht tauchen neben den für den jeweiligen Dialekt typischen Varianten aber auch gewisse Sprachformen auf, wie z.B. Doppelnegationen oder eine übertriebene Nutzung des Hilfsverbs *tun* (*er hat singen getan*), die im authentisch gesprochenen Dialekt weniger vorkommen, aber „aufgrund ihrer Standardferne als generelle Dialektalitätsmarker angesehen werden".[29] Dabei sind vor allem kreative Umformungen bei der Übersetzung interessant: „Zum einen eine in besonderem Maße re-regionalisierende Bearbeitung; zum anderen eine soziolinguistische Spielerei

---

27 Penndorf, „Asterix übersetzen", S. 229.
28 Ebd., S. 199.
29 Simon: „Dialektale Asterix-Übersetzungen", S. 200.

mit dem Spannungsfeld von Dialekt und Standardsprache."[30] Die Stärke der Dialektübertragungen liegt in der Verwendung von Regionalismen und lokalisierenden Anspielungen, die für die Leser*innen eine starke identitätsstiftende Funktion darstellt, sowie in der Etablierung eigener regionalgefärbter Witze.

Die Untersuchung einer Beispielszene und deren Übertragung soll die unterschiedlichen Übersetzungsstrategien von Jürgen Leber und Gudrun Penndorf veranschaulichen.

Beispielszene: *Asterix als Legionär*, S. 18, 14B

Vor der ausgewählten Szene von S. 18, 14B *Asterix als Legionär* trägt sich Folgendes im kleinen gallischen Dorf zu: Asterix und Obelix brechen auf, um den Gallier Tragicomix von den Römern zu befreien. Als die beiden erfahren, dass Tragicomix ins römische Heer gezwungen wurde, melden sie sich als freiwillige Legionäre. In der Beispielszene stehen Asterix und Obelix gerade an, um sich als Freiwillige einzuschreiben. Neben einem Legionär, der die Namen der Neuankömmlinge notiert, sind außerdem ein Zenturio und ein Dolmetscher anwesend, da die Freiwilligen aus den unterschiedlichsten Nationen stammen.

Sprechende Person	Astérix légionnaire (1967/2021), S. 18	Asterix als Legionär (1967), S. 18	Geh fort! (2003), S. 18
Grieche	Plazadetoros, je suis Grec, par Zeus !	Militaros, ich bin Grieche beim Zeus!	Heissisch Hakan, isch wör!
Brite	Faupayélatax. Breton. Je dis.	Eftrax, Brite, sage ich.	Aus Meenz am Rhoi komm isch enoi!
Belgier	Mon nom, ça est Mouléfix. Belge.	Mein Name ist Mannekenpix, Belgier.	De Hoarry aus Heorboarn!
Gote 1	𝔈𝔥𝔦𝔪𝔢𝔯𝔦𝔠. 𝔊𝔬𝔱𝔥.	𝔅𝔦𝔢𝔯𝔦𝔨, 𝔊𝔬𝔱𝔢.	Knebelsgerhard!
Gote 2	𝔉𝔦𝔤𝔲𝔯𝔞𝔩é𝔤𝔬𝔯𝔦𝔠, autre 𝔊𝔬𝔱𝔥.	𝔥𝔞𝔯𝔦𝔨, auch 𝔊𝔬𝔱𝔢.	Nachtsheimsheinrisch!
Schreiber	Interprète ?	Dolmetscher?	Wer sin dann die?
Dolmetscher	Chiméric et Figuralégoric. Goths.	Bierik und Harik, Goten.	Dabrauchemirgarnetdrübberredde!
Ägypter	[Hieroglyphen Blume, Doppelhaus, gekreuzte Gabel und Löffel, Weinglas und Gabel]	[Hieroglyphen Blume, Doppelhaus, gekreuzte Gabel und Löffel, Weinglas und Gabel]	In Rödelheim war isch daheim, isch babbel nur im Reim!

---

30 Ebd., S. 201.

Dolmet-scher	Il demande si c'est bien une auberge, ici ?	Er fragt, ob das hier ein Gasthaus ist.	Der hat en Sprung in de Schüssel!
Zenturio	Dis-lui que oui, et qu'il donne son nom pour l'inscrire dans le registre.	Sag ja. Er soll sich hier beim Empfang eintragen lassen.	Saach dem, mir täte den groß rausbringe!
Ägypter	[Hieroglyphe Tennisplatz]	[Hieroglyphe Tennisplatz]	Xavier iss mein Name, voll die Sahne ... ame!
Dolmet-scher	Courdeténis.	Tennisplatzis.	Hipp und hopp, schoppe in de Kopp!
Asterix	Astérix et Obélix. Gaulois.	Asterix und Obelix. Gallier.	Asterix un Obelix! Immer guud druff!
Obelix	Et voilà !	So ist's! Hihi!	Des iss des ja! Giggel! Kischer!
Zenturio	Silence ! Fini de rire ! Vous êtes dans l'armée, maintenant !	Ruhe! Es wird nicht mehr gelacht! Ihr seid jetzt in der Armee!	Hier iss jetzt Schluss mit Kischern! Noch aan Muckser un ihr kriegt de Frack voll, Luscheköpp!

Wie gelingt es nun Gudrun Penndorf und Jürgen Leber in dieser Szene, nicht nur sprachliche, sondern auch kulturelle Grenzen zu überwinden, um die Comics für ein deutsches bzw. hessisches Publikum zugänglich zu machen?

Auf den ersten Blick wird sofort deutlich, dass die Markierung der unterschiedlichen nationalen Zugehörigkeiten in der französischen und deutschen Version u.a. auf der Schriftebene stattfindet (in der Tabelle wurden hier dem Original ähnelnde Schriftarten verwendet): Der Grieche und die beiden Goten haben jeweils ihre eigene Schriftart, während für alle anderen trotz unterschiedlicher Herkunft dieselbe Schriftart verwendet wurde wie für die Gallier und die Römer.

In der hessischen Version findet die Markierung hessisch-regionaler statt nationaler Zugehörigkeiten auf der Inhaltsebene statt: ein Hesse mit vorderasiatischen Wurzeln, ein Mainzer, ein Herborner und ein Rödelheimer. Die „Normalsprache" ist in der hessischen Version – wie in den meisten Mundartbänden – der Dialekt und damit die Sprache der Figuren, der Erzählerstimme und der Bildinhalte.[31] Bis auf Hakan als Hesse mit Akzent sind keinerlei Markierungen nationaler oder regionaler Zugehörigkeiten auf der Sprachebene im Hessischen zu finden.

Nicht alle Figuren bekommen im Hessischen eine nationale oder regionale Zugehörigkeit zugeschrieben (die beiden Goten) und auch nicht

---

31 Vgl. ebd., S. 201.

alle Figuren bekommen einen Namen (der Brite). Im Hessischen sind die Namen einiger Figuren geprägt durch eine typisch dialektale Reihenfolge der Namensnennung (Nachname + s + Vorname). Auch sind in den Namen Referenzen zu Personen aus dem hessischen öffentlichen Leben untergebracht, z.b. die Mitglieder des hessischen Komikerduos *Badesalz* bestehend aus *Knebelsgerhard* (Gerd Knebel) und *Nachtsheimsheinrisch* (Henni Nachtsheim).

Auf Kosten der Nähe zum Original wurden in der freien und kreativen hessischen Übertragung einige hessische Sprüche, wie der Trinkspruch „Hipp und hopp, schoppe in de Kopp!", hessische Redensarten („Der hat en Sprung in de Schüssel!") oder Anspielungen mit lokalen Bezügen (Mainz, Herborn, Rödelheim) untergebracht. Dafür wurden die Dialoge abgewandelt bzw. frei übertragen. Der Dolmetscher verliert hier dadurch seine ursprüngliche Funktion.

Die Tatsache, dass Jürgen Leber sich für seine Übertragungen an den standarddeutschen Versionen orientiert, zeigt sich hier in der letzten Sprechblase von Obelix: Im Französischen ist auf der Textebene kein Lacher von Obelix sichtbar, obwohl die Reaktion des Zenturios davon ausgehen lässt, dass Obelix zuvor gelacht hat. Diese Präzision nimmt bereits Gudrun Penndorf vor, indem sie Obelix in der deutschen Version lachen lässt. Jürgen Leber übernimmt dieses Lachen mit einer hessischen Adaptation.

In der ganzen Szene ist ein regionaler und damit kultureller Transfer ins Hessische erkennbar. Während in der deutschen Version trotz Aufbereitung für ein deutsches Zielpublikum (Übersetzung der Namen durch Äquivalenz und Substitution) die Dialoge wie im französischen Original beibehalten wurden, sind die ursprünglichen Witze aus dem Französischen, wie z.B. die Hieroglyphen des Ägypters, durch hessische Bezugspunkte ersetzt worden.

Die Markierung der hessischen Identität erfolgt allgemein in den hessischen *Asterix*-Versionen nicht nur über Namen, sondern über zahlreiche weitere Elemente, wie lokale Bezüge (z.B. Stadtteile Frankfurts), Denkmäler und touristische Attraktionen (z.B. Hermannsturm), die Eintracht und Fußball (z.B. im Kontext von Militärstrategiebesprechungen), typische hessische Getränke und Gerichte (Rippchen mit Kraut, Ebbelwoi etc.), hessische Sprüche („Wenn mir gebbe, dann gebbe mir gern! Aber mir gebbe nix!", *Asterix und Kleopatra*, S. 16, 12II), Trinksprüche, hessische Lieder (z.B. Rodgau Monotones) v.a. der 1980er Jahre, Bezug zu

Personen des hessischen öffentlichen Lebens (Badesalz, Goethe etc.) oder zu hessischen Traditionen und Veranstaltungen (Fastnacht, Wäldchestag etc.), sowie politische Bezüge (z.B. Gewerkschaften).

Fazit: Die Überwindung sprachkultureller Grenzen in den deutschen und hessischen *Asterix*-Comics

Dieser Szenenvergleich veranschaulicht die Freiheiten, die dadurch mögliche Kreativität und die persönliche Note des Überträgers bei der Anfertigung der (neu-)hessischen *Asterix*-Versionen. Die Folge dieser freien Übertragungen ist häufig eine Abweichung und Abwandlung der ursprünglichen Dialoge, welche in der standarddeutschen Version, die generell näher am französischen Original ist, beibehalten werden. Immer wiederkehrende *Asterix*-Zitate wie die Angst des Dorfchefs Majestix, der Himmel könne ihm auf den Kopf fallen, gehen häufig in den hessischen Versionen verloren, wenn sich die Möglichkeit ergibt, an dieser Stelle eine hessische Anspielung unterzubringen. Hessische Witze, die auch auf der Ebene der Namen vorkommen, können zur Folge haben, dass auf die typischen Endungen der Figurennamen je nach ihrer Herkunft (-ix für Gallier, -us für Römer, -os für Griechen etc.) verzichtet wird.

Beim Vergleich der Übersetzungen ins Standarddeutsche und ins Hessische geht es nicht darum, die Abweichungen vom Original ausfindig zu machen, sondern unterschiedliche Vorgehensweisen bei den Übersetzungen und im Dialekt die Markierung von regionaler Identität herauszuarbeiten.

Der Unterschied zur Kulturvermittlung zwischen dem Französischen und dem Standarddeutschen ist, dass in den Mundartbänden vorausgesetzt werden kann, dass die Sprecher*innen eines hessischen Dialekts auch die standarddeutsche Version verstehen. Dabei sollte nicht vergessen werden, dass beim Lesen eines Mundartbandes die Leser*innen häufig mit einer anderen Intention die Lektüre beginnen: Primäres Ziel ist es nicht, ein *Asterix*-Abenteuer zu lesen mit all seinen *Running Gags* (dafür gibt es die standarddeutschen Versionen, die auch alle Hess*innen verstehen), sondern sich z.B. als Hesse oder Hessin in den Werken wiederzuerkennen und sich an den Anspielungen zu erfreuen, die ein Nicht-Hesse nicht auf Anhieb versteht („Insiderwissen Hessen", wie es Jürgen Leber nennt). Damit hat die ursprünglich französische *Asterix*-Geschichte, die in sich auf das französische Publikum schon eine stark identitätsstiftende Wirkung hat, schließlich in ihrer dialektalen Übertragung ebenfalls eine stark gruppenidentitätsstiftende Wirkung erlangt, welche vielleicht nicht das primäre Ziel der Autoren und des Dialektüberträgers war. Als positiver Nebeneffekt ihrer Arbeit haben sie so mit *Asterix* zur Überwindung von Sprach- und Kulturgrenzen nicht nur auf nationaler, sondern auch auf regionaler Ebene beigetragen.

Literaturangaben

Egmont, *Asterix Mundart*, 2024, https://www.egmont-shop.de/comics/asterix/mundart/; Stand: 11.07.2024.

Egmont, *Asterix. 60 Jahre Asterix – ein großes Jubiläum!*, 2024, https://www.egmont-shop.de/comics/asterix/; Stand: 11.07.2024.

Friebertshäuser, Hans, *Das hessische Dialektbuch*, München, C.H. Beck'sche Verlagsbuchhandlung, 1987.

Friebertshäuser, Hans, *Die Mundarten in Hessen. Regionalkultur im Umbruch des 20. Jahrhunderts*, Husum, Husum Druck- und Verlagsgesellschaft mbH u. Co. KG, 2004.

Friebertshäuser, Hans, *Kleines hessisches Wörterbuch*, München, C.H. Beck'sche Verlagsbuchhandlung, 1990.

Hasselbach, Karlheinz, *Die Mundart des zentralen Vogelsberg*, Marburg, N.G. Elwert, 1971.

Leber, Jürgen, *Comics*, 2024, http://www.guude.com/publikationen/; Stand: 07.02.2024.

Leonhardt, Nina Kim, *Dialektgrenzen als soziokulturelle Konstrukte. Subjektive Sprachräume in Nord-Baden-Württemberg*, Dissertation, Tübingen, 2014.

Löffler, Heinrich, *Dialektologie. Eine Einführung*, Tübingen, Gunter Narr, 2003.

Magneron, Philippe, *Astérix (en langues régionales)*, Bédéthèque, 2022, https://www.bedetheque.com/serie-18063-BD-Asterix-en-languesregionales.html; Stand: 11.07.2024.

Meisenburg, Trudel, *Die soziale Rolle des Okzitanischen in einer kleinen Gemeinde im Languedoc (Lacaune/Tarn)*, Tübingen, Max Niemeyer, 1985.

Mütz, Marco, *Lexikon. Die Geschichte von Asterix*, Deutsches Asterix Archiv, 2024, https://www.comedix.de/lexikon/special/geschichte_von _asterix/pilote.php; Stand: 11.07.2024.

Mütz, Marco, *Mundart-Tagebuch – Jürgen Leber*, Deutsches Asterix Archiv, 2008, https://www.comedix.de/lexikon/special/mundart_tageb uch/juergen_leber.php; Stand: 11.07.2024.

Penndorf, Gudrun, „Asterix übersetzen – oder das Wechselspiel in Bild und Sprache", in: Kai Brodersen (Hg.), *Asterix und seine Zeit. Die große Welt des kleinen Galliers,* München, C.H. Beck, 2001, S. 212–230.

Sackmann, Eckart, „‚Asterix' – ein unbesiegbarer Gallier kommt über den Rhein", in: Ders. (Hg.), *Deutsche Comicforschung. Band 13. Comicplus+*, Leipzig, Sackmann und Hörndl, 2017, S. 116–129.

Simon, Horst, „(Ver)setzungen sprachlicher und kultureller Bezüge in dialektalen Asterix-Übersetzungen", in: Ingeborg Rabenstein-Michel (Hg.), *Deutsche Comics. Von der Tradition zur Innovation* (Germanistik zwischen Tradition und Innovation – Akten des XIII. Internationalen Germanistenkongresses Shanghai 2015, Bd. 12, hg. v. Jianhua Zhu, Jin Zhao & Michael Szurawitzki), Berlin, Lang, 2018, S. 199–203.

Sulzbach, Peter, „Politische Bildung für die Kleinen", in: *Pardon* (1965/6). k. A.

Natalie Bella

Dolmetschen als produktiver Aushandlungsraum: Performative Praktiken im strategischen Management einer „guten" Übersetzung?

Abstract

Mehrsprachigkeit stellt für Kund*innengespräche am Jobcenter einen alltäglichen Aspekt gemeinsamen Kommunizierens dar. Oft unterstützen Dolmetscher*innen diese Beratungsgespräche: Dies dient der „Sicherstellung gelingender Verständigung" zwischen den Kund*innen und den Jobcenter-Mitarbeiter*innen. Diese Perspektive wird im vorliegenden Beitrag auf der Grundlage qualitativer Forschungsbefunde in Frage gestellt. Dafür wird zunächst in der theoretischen Rahmung eine interaktionssoziologische, praxeologisch informierte Perspektive auf performative Praktiken eingeführt und die Übersetzungssituation nachgezeichnet. Anschließend werden die konkreten Interaktionen der gedolmetschten Gespräche fokussiert. Im Skizzieren dieser Strategien der Situationsteilnehmenden wird die übersetzende Praxis als Vollzug und Resultat analysiert.

Schlagwörter: Dolmetschen; Jobcenter; Beratungsgespräch; (Performative) Praktiken; Mehrsprachigkeit; Behörde

Résumé

Dans les entretiens menés au sein des agences d'emploi, le multilinguisme est considéré comme une partie intégrante de la communication quotidienne. Il est fréquent que des interprètes participent à ces entretiens, ce qui sert à éviter que la communication entre les chercheurs d'emploi et le personnel de l'agence ne soit mise à mal par la barrière linguistique. Cet article remet en question cette idée en s'appuyant sur les conclusions d'une étude qualitative. Pour ce faire, une perspective sociologique de l'interaction, éclairée par une approche praxéologique et interactionniste, est d'abord intégrée dans le cadrage théorique afin d'étudier les pratiques performatives et de restituer la situation dans laquelle se déroule l'acte de traduire. Par la suite, les interactions entre les divers participants aux conversations traduites par les interprètes seront examinées de près. L'analyse des stratégies mises en œuvre par les divers acteurs de l'activité d'interprétariat permettra d'étudier la pratique de la traduction dans son déroulement et ses effets.

Mots-clés : interprétariat ; Jobcenter (agence d'emploi) ; conseil ; pratiques performatives ; multilinguisme ; autorité

Einleitung

> I: wie erlebst du denn diese gespräche die eben mehrsprachig sind [...]?
>
> B: ehm ((*schnaltzt*)) für mich ist des [...] irgendwie ungewohnt weil man versteht die andere sprache nicht allerdings fü finde ich es eher positiv wenn ein dolmetscher dabei weil ich mir denke imma so nja es is halt wichtig dass sie alles verstehn was ich sage und es is halt alles sehr kompliziert.[1]

So drückte ein Berater des Jobcenters während eines Interviews sein Verständnis von Dolmetschung in mehrsprachigen Beratungsgesprächen aus. Er betont dabei die Relevanz der Übermittlung „seiner" Informationen an die Kundschaft und eröffnet damit ein Verständnis von dolmetschender Verständigung, in dem vor allem die Vermittlung behördlicher Vorgaben sichergestellt werden muss. Es handelt sich folglich um eine einseitige Informationsübermittlung: Das (Interesse am) Verstehen der Kundschaft und die akkurate Wiedergabe etwaiger Antworten fallen aus dem Fokus. Dabei bietet diese Einschätzung des Beraters einen Einblick in Übersetzungssituationen, die besondere Gelingensbedingungen aufweisen – von spezifischen Verwaltungsstrategien einer „guten" Übersetzung, zur Begrenzung von Übersetzung als Machthandeln und Praktiken des Protokollierens.

Es ist das Ziel des vorliegenden Beitrags, die (performative) Praxis im Beratungsgespräch als gemeinsames Bearbeiten der Übersetzung als Prozess und Resultat zu reflektieren und damit zu einem produktiven Verständnis von Übersetzen und Dolmetschen beizutragen. Dafür wird zunächst die theoretische Rahmung vorgestellt und eine exemplarische Übersetzungssituation skizziert. Schließlich werden konkrete Strategien kollaborativen Dolmetschens rekonstruiert. Grundlage der empirischen Analyse stellt eine qualitative Studie dar, die 2022 an einem deutschen

---

1 Interview Berater 1, Z. 1.

Jobcenter durchgeführt wurde und durch teilnehmende Beobachtung und narrative Interviews interessante Einblicke in die Mehrsprachigkeit von Beratungsgesprächen offeriert.

Theoretische Rahmung

Werden Gespräche gedolmetscht, klingt häufig die Konnotation des Verlusts von Bedeutung an: sei es im praktischen Vollzug eines Beratungsgesprächs am Jobcenter, wenn der Einsatz von Dolmetscher*innen als „notwendiges Übel" der Kommunikationsermöglichung beschrieben wird, oder in der wissenschaftlichen Reflexion, die der idealen Balance der sinnerhaltenden bzw. semantisch äquivalenten[2] Übertragung nachspürt.

Dolmetschen wird als Prozess der Informationsübermittlung begriffen, der in sich, inhärent und unwiederbringlich, auf den fundamentalen Mangel der niemals-identischen Inhalts- und Bedeutungswiedergabe verweist. Diese „identitätskritische Betonung der Unübersetzbarkeit zwischen den Kulturen und differenten sozialen Sprachspielen [wird] mit dem Begriff der ‚Inkommensurabilität'"[3] benannt und wird, als proklamierte Unmöglichkeit der Übersetzung, im wissenschaftlichen Diskurs vielfach aufgegriffen. Schögler formuliert: „Beim Übersetzen geht immer etwas unersetzlich verloren. So lautet ein oft geäußerter Vorwurf an die translatorische Praxis."[4] Ein Vorwurf, der angesichts der Praktiken sozialer Wirklichkeit auf interessante Weise konterkariert wird: Denn während Wissenschaftler*innen unterschiedlicher Disziplinen über potenzielle Grenzen des Übersetzens debattieren, stellt doch – mit Srubar gesprochen – „das Übersetzen mit seiner kommunikativ zu überwindenden, jedoch nie restlos auflösbaren Ungewissheit [...] einen alltäglichen Vorgang dar".[5] Übersetzen und Dolmetschen prägen lebensweltliche Realität in ihrem ständigen Vollzug.

Es gilt folglich, Praktiken des Übersetzens und Dolmetschens in ihren spezifischen sozialen, historischen, räumlichen wie auch leiblich-

---

2 Vgl. Joachim Renn, „Einleitung: Übersetzen, Verstehen, Erklären", in: Joachim Renn, Jürgen Straub u. Shingo Shimada (Hg.): *Übersetzung als Medium des Kulturverstehens und sozialer Integration*, Frankfurt a. M./New York, Campus, 2002, S. 13–38, hier S. 8.
3 Renn, „Einleitung: Übersetzen, Verstehen, Erklären", S. 22.
4 Rafael Y. Schögler, „Versprechen des Un_Übersetzten im Feld der Geistes- und Sozialwissenschaften", in: Nadja Grbić et al., (Hg.), *Übersetztes und Unübersetztes: das Versprechen der Translation und ihre Schattenseiten*, Bielefeld, transcript, 2020, S. 137–161, hier S. 137.
5 Ilja Srubar, *Kultur und Semantik*, Wiesbaden, VS Verlag für Sozialwissenschaften, 2009, S. 161.

manifesten Kontexten und damit in ihrer „Situativität, Subjektivität und Temporalität"⁶ zu verorten. Mit diesem Fokus auf die Prozessualität übersetzend-dolmetschender Praxis wird auf deren Performativität verwiesen, die nach Wolf (2017) in die translationswissenschaftliche Auseinandersetzung mit Übersetzung im Zuge des „performative turn" verstärkt Eingang gefunden hat.⁷ Auch Aguilar und Guenette (2021) betonen, dass Übersetzungspraktiken in ihrer „performativity and situatedness" zu analysieren sind, um so den Fokus neu zu lenken: „on the enacted practices, the performers, and the material aspects involved in translation or interpreting events."⁸

Übersetzungspraktiken sind demnach in ihrem besonderen Konglomerat situational-rahmender Spezifika zu reflektieren. Die über Disziplingrenzen hinweg diskutierte Frage, welche Techniken und Maßnahmen Dolmetscher*innen nutzen können, um der konkreten Situationsanforderung „adäquaten Dolmetschens gerecht zu werden, muss berücksichtigen: Was als „gut" übersetzt gilt, ist abhängig vom konkreten situationalen Rahmen, in welchem gedolmetscht wird. So gelten im Beratungsgespräch am Jobcenter (oftmals implizite) Maßgaben für gelingende Dolmetschung, welche von anderen Übersetzungssituationen, wie dem narrativen Interview, beinahe drastisch abweichen.

Im vorliegenden Beitrag wird das gedolmetschte Beratungsgespräch am Jobcenter untersucht. Das Dolmetschen in diesen Gesprächen wird dabei als Co-Kreation aller Teilnehmenden verstanden und ist damit nicht auf die Person, Rolle und Funktion der Dolmetscher*innen zu beschränken. So sind diese zwar als zentral-ermöglichende Akteur*innen der Dolmetschleistung unverzichtbar, jedoch erfordert eine komplexitätserhaltende Betrachtung der Übersetzungssituation, die kollaborative Natur des Dolmetschens anzuerkennen. Zurückführen lässt sich jene Co-Kreation im Aushandlungsraum des Dolmetschens auf die „Gemeinsamkeit der

---

6   Schögler, „Versprechen des Un_Übersetzten", S. 138.
7   Michaela Wolf, „A ‚performative turn' in translation studies? Reflections from a sociological perspective", in: *TranscUlturAl: A Journal of Translation and Cultural Studies* 9/1 (2017), S. 27–44, hier S. 27.
8   Raquel Pacheco Aguilar u. Marie-France Guénette, „Introduction. Exploring translation and interpreting as ‚practice'", in: Dies. (Hg.), *Situatedness and Performativity: Translation and Interpreting Practice Revisited*, Leuven University Press, 2021, S. 11–24, hier S. 12.

Situation"[9] als grundlegendes Moment „gemeinsamer Handlungsweise",[10] für die

> die Unmöglichkeit strikt äquivalenter Übersetzung (d.h. restlos bedeutungserhaltender Übertragung) nicht *prinzipielle* Unzugänglichkeit bedeutet, sondern nur, dass der Zugang zu einer Kultur über eine kulturelle Grenze hinweg eine sukzessive *praktische* Annäherung [...] erforderlich macht.[11]

Jene „praktische Annäherung" im gemeinsamen Übersetzen lässt sich mithilfe der interaktionssoziologischen Perspektive Goffmans (1986) fassen. Sein Konzept der Imagearbeit erlaubt es, Verwaltungsstrategien „gelungenen" Dolmetschens ebenso wie situationsspezifische „Verkehrsregeln sozialer Interaktion"[12] nachzuzeichnen. Derartige normative Markierungen des Dolmetschens, bspw. als „gut" oder „unzureichend", werden in der Übersetzungspraxis kontinuierlich von allen Situationsteilnehmenden verwaltet. Doch wie wird die praktische Normativität der kommunikativ zu ratifizierenden Übersetzung performativ eingeholt? Um jene Praktiken der (Performativität von) Übersetzung adäquat zu erfassen, wird die Dynamik des gedolmetschten Beratungsgesprächs praxeologisch rekonstruiert. So kann bspw. die Temporalität von Praktiken erfasst werden, denn

> [d]ie praxistheoretische Perspektive unterstreicht, dass es sich bei sozialen Praktiken um ein konkretes Geschehen handelt, das sich fortlaufend [...] im Hier und Jetzt konkreter Gegenwarten vollzieht. [...] die Teilnehmerinnen befinden sich in einem Strom sich entfaltender Aktivitäten.[13]

Auch der Körperlichkeit und Materialität von Praktiken wird in einer praxistheoretischen Beschreibung der performativen Übersetzungspraxis Rechnung getragen, den praktischen Vollzug des Übersetzens in seiner (Un-)Regelmäßigkeit nachzuvollziehen.

Im Beratungsgespräch ist schließlich von einer *doppelten Übersetzungsleistung* auszugehen: einerseits von Übersetzung, die das gemeinsame Bearbeiten sprachlich-kultureller Differenz(en) meint und in dieser Dimension auf die Unterstützung durch Dolmetscher*innen angewiesen ist. Dolmetscher*innen agieren hier (gesprächs-)strukturell im Sinne einer Kommunikationsermöglichung der sprachlichen Verständigung.

---

9   Joachim Renn, *Performative Kultur und multiple Differenzierung*, Bielefeld, transcript, 2014, S. 65.
10 Ebd.
11 Ebd, Hervorh. im Original.
12 Erving Goffman, *Interaktionsrituale. Über Verhalten in direkter Kommunikation*, Frankfurt a. M., Suhrkamp, 1986, S. 17.
13 Robert Schmidt, *Soziologie der Praktiken*, Berlin, Suhrkamp, 2012, S. 51–52.

Andererseits ist auf den *Zweck* des Beratungsgesprächs zu verweisen, der darin besteht, für die Fallbearbeitung relevante Informationen in Behördensprache zu übersetzen, um sie schließlich in „offizielle" Protokolle überführen zu können – eine *Übersetzung im doppelten Sinne.*

Beschreibung einer Übersetzungssituation

Das mehrsprachige Beratungsgespräch am Jobcenter stellt einen besonderen situationalen Rahmen gemeinsamer Übersetzung dar. Mit einem formellen Schreiben werden die Kund*innen über ihren Termin im Jobcenter informiert. Diese Einladung wird von der Kundschaft mitgeführt, wenn sie zum Termin anreist, denn das Jobcenter ist kein offenes Gebäude, das ungehindert betreten werden kann. Stattdessen müssen sich die Eingeladenen an einem Empfang anmelden und mit ihrem offiziellen Schreiben nachweisen, dass tatsächlich ein Termin vorliegt. Nach der Vorstellung wird die Kundschaft eingelassen. Teils kommen Kund*innen zu früh und halten sich dementsprechend im Wartebereich auf, bis die jeweiligen Berater*innen verfügbar sind. Zum Büro der Mitarbeiter*innen begleitet der Sicherheitsdienst.

Mit dem Betreten des Beratungsbüros beginnt die „engere" situationale Rahmung des Beratungsgesprächs bereits mit der Sitzordnung. Diese variiert je nachdem, ob die Kundschaft eine*n Dolmetscher*in mitbringt oder ob der ehrenamtlich tätige Dolmetscher des Jobcenters zum Einsatz kommt: Während der Dolmetscher des Jobcenters links neben der Kundschaft und damit im Zentrum des Raums, direkt gegenüber dem oder der Berater*in sitzt, wählen „mitgebrachte" Dolmetscher*innen zumeist den Sitzplatz rechts neben der Kundschaft; die Kund*innen sind in dieser Konstellation zentral im Raum positioniert, wohingegen die „mitgebrachte" Dolmetscher*innen in dieser räumlichen Konstellation *aus* dem Zentrum des Beratungsraums rücken.

Sobald alle Gesprächsteilnehmenden ihre Plätze eingenommen haben, beginnt der oder die Berater*in mit der Begrüßung der Kundschaft. Anschließend wird das Anliegen vorgebracht, welches vom allgemeinen Erstgespräch bis hin zur Abklärung spezifischer Angelegenheiten, wie bspw. das Buchen von Sprachkursen oder die Kontrolle von Arbeitsverträgen, reicht. Im Rahmen des Erstgesprächs erfolgt zunächst eine Passkontrolle wie auch eine Sichtung der Dokumente, deren Mitnahme bereits im Schreiben gefordert wurde. Anschließend wird geklärt, welche berufliche Perspektive auf dem deutschen Arbeitsmarkt erreicht werden soll bzw.

kann und welche Maßnahmen das Jobcenter, in Kooperation mit der Kundschaft, zur Erfüllung dieses Ziels veranschlagt. In einer sogenannten Eingliederungsvereinbarung[14] wird dies verschriftlicht, ausgedruckt und der Kundschaft für ihre Unterschrift vorgelegt. Mit dem Unterschreiben der Eingliederungsvereinbarung durch die Kundschaft wird die Beendigung des Gesprächs eingeleitet und die Kundschaft verlässt den Raum.

Zum Management einer „guten" Übersetzung

In einem Beratungsgespräch „gut" zu dolmetschen ist nicht (explizit) an einen Katalog spezifischer Qualitätskriterien gekoppelt. Stattdessen herrscht in diesen Übersetzungssituationen eine diffuse Vorstellung davon, wie gedolmetscht werden soll. Diese ist auch davon abhängig, *wer* dolmetscht – ob es sich hierbei um den ehrenamtlichen Dolmetscher des Jobcenters oder um eine*n „mitgebrachte*n" Dolmetscher*in handelt. Generell dominiert ein Gefühl der Dankbarkeit, das die Berater*innen den Dolmetscher*innen bezüglich ihrer Tätigkeit entgegenbringen. Zwar werden etwa die Hälfte aller Gespräche gedolmetscht, allerdings manifestiert sich diese stete Präsenz von Übersetzung und Mehrsprachigkeit nicht in klar definierten Qualitätsmerkmalen für Dolmetschung – stattdessen wird die Tätigkeit von Dolmetscher*innen als Mittel der Erlangung und Übermittlung von Informationen verstanden: Ein Mittel, welches im Erfolg seiner Arbeitsweise nicht in der Transparenz gemessen wird, sondern an seiner *Effizienz*. Anschaulich wird dies am Selbstverständnis (von Übersetzung), welches der Dolmetscher des Jobcenters bespricht:

> D: [j]a klar muss ich des halt alles nicht so wortwörtlich übersetzen weil dann dauert es halt ja ich nenn dann nur halt die also die wichtigsten sachen dass daaass mich dann der der der berater auch versteht [I: hm] und dass der kunde auch am ende zufrieden ist. [...] weil es gibt schon viele die mir halt was weiß ich liebegeschichten so halt erzähln die halt lang sind wie keine ahnung was wie eine autobahn und dann muss ich halt nur nur die sachen rausholn die der berater halt wirklich braucht [...] und so ich mein ja welche berater braucht des.[15]

Es wird hier deutlich, dass es dem Dolmetscher maßgeblich darum geht, dem oder der Mitarbeiter*in die *beratungs*relevanten Aspekte der

---

14 Der Kooperationsplan löste zum 01.07.2023 mit der Einführung des Bürgergelds die Eingliederungsvereinbarung ab. Beide verfolgen das Ziel der „gemeinsamen" Festlegung erforderlicher Schritte im Zuge der Arbeitsmarktintegration. Nähere Informationen zur (performativen Praxis der) Eingliederungsvereinbarung finden sich im Unterkapitel „Praktiken des Protokollierens".
15 Interview Dolmetscher, Abs. 185–189.

„autobahnlangen" Erzählung zur Verfügung zu stellen und damit, auch für die Kundschaft, ein zufriedenstellendes Gesprächserlebnis wie auch -ergebnis zu gewährleisten. Transparentes, wortwörtliches Übersetzen sei nicht zielführend, um an die notwendigen Informationen zu gelangen. Aufgabe des Dolmetschers ist demnach, seiner eigenen Beschreibung folgend, das Filtern relevanter Informationen für die Bearbeitung des konkreten Falles durch den oder die Jobcenter-Mitarbeiter*in. In solchen Momenten wird deutlich, dass Dolmetschen in diesem spezifischen Kontext auch als *(erklärende) Selektion* fungiert und damit den Modus des Dolmetschens als bloße Paraphrasierung transzendiert.

Oftmals antwortet der Dolmetscher, wie auch begleitende, „mitgebrachte" Dolmetscher*innen, auf Rückfragen ohne Umweg der Dolmetschung, indem er sich auf die Informationen beruft, die in der ausgangssprachlichen Erzählung bereits erwähnt, jedoch nicht gedolmetscht wurden:

> B: Warum möchte sie wieder zurück?
>
> D: Wegen der Uni, deswegen Tochter und sie ziehen zurück, dass sie dort auf die Uni kann.[16]

Dieses Beispiel illustriert das eigenverantwortliche Antworten, welches für die Dolmetschung im Kontext der Beratungsgespräche charakteristisch ist. Zumeist erfolgt auf einen solchen zielsprachlichen Austausch eine Dolmetschung nur auf Nachfrage durch die Kundschaft.[17]

Engere Übersetzungsschleifen werden strategisch eingesetzt – bspw. für konkrete Nachfragen, die einer spontanen Abklärung bedürfen und die der Dolmetscher aus seiner bisherigen Kenntnis über die Kundschaft (noch) nicht beantworten kann:

> B erkundigt sich nun, ob die Kundin den kurzen Lebenslauf ausgefüllt hat, den er ihr geschickt hatte. D dolmetscht, und fasst die verwirrt wirkenden Reaktionen der beiden Frauen mit „nein" zusammen.[18]

Die ausgangssprachliche Interaktion der beiden anwesenden Frauen (eine Kundin und ihre Begleitung), die offenbar ihre Verwirrung ausdrückt, fasst der Dolmetscher in einem Wort für den Berater zusammen. Dass auch

---

16 Beobachtungsprotokoll F1, Abs. 61–62.
17 Das „Wie" der Imagearbeit ist sehr spezifisch für die konkreten Übersetzungsanforderungen der Beratungssituation, die der Dolmetscher navigiert: „Das Ziel ist, sein Image zu wahren, und die Folge davon ist, die Situation zu wahren." Goffman, *Interaktionsrituale*, S. 47.
18 Beobachtungsprotokoll F2, Abs. 110.

der Berater diese ausgetauschten Blicke sehen kann, auch Zugang zur nonverbalen Kommunikation der beiden Frauen hat, macht die zielsprachliche Antwort auf die Frage des Beraters nicht obsolet – wenngleich auch keine Dolmetschung im engeren Sinne erfolgt.

Zwischen den Zeilen zu lesen, Körpersprachlichkeit ebenso wie *fehlende* Informationen in einer ausgangssprachlichen Antwort zu erkennen, in der Dolmetschung auszuwerten und der oder dem Mitarbeiter*in in einer eindeutigen Lesart verfügbar zu machen – all diese kleinen Verantwortlichkeiten verdeutlichen eine besondere Funktion, die der ehrenamtliche Dolmetscher am Jobcenter als übersetzender Berater innehat:

    D   Frage und zwar die bekommt ja ihr Geld vom Jobcenter. Kann sein, dass sie es zurückzahlen muss?

    B   Der Vorteil ist, dass sie diese Woche schon Bescheid sagt.

    D   Und dann nur für diese zwei Wochen

    B   Genau

    D   Bezahlt wird[19]

Mit seiner initiativen Frage stellt der Dolmetscher klar, dass er selbst als kompetenter Berater fungiert, der von den Sachverhalten der Beratung weiß, in der Lage ist, Komplikationen im Fallverlauf vorauszusehen und im Namen der Kundschaft, aus seinem eigenen Fachwissen heraus, aktiv zu werden. Hervorzuheben ist, dass dieser Ausdruck von Fachkompetenz und die Betonung der Agency jenseits der Dolmetschung von den Mitarbeiter*innen durchaus positiv wahrgenommen und nicht im Sinne eines Mangels an transparenter Übersetzung geführt wird.

Grenze(n) der Übersetzung

Besonders im Angesicht der spezifischen Verantwortung und Funktion der Dolmetscher*innen im mehrsprachigen Beratungsgespräch ist darauf hinzuweisen, dass auch Berater*in und Kund*in am Management einer „guten" Übersetzung beteiligt sind. Da zumeist nur die dolmetschende Person Ziel- und Ausgangssprache im Gespräch kompetent anwenden kann, sind die Strategien der Partizipation an Übersetzung jedoch auf gewisse „Umwege" angewiesen. So können sich Berater*innen im Prozess des Dolmetschens sichtbar machen:

---

[19] Beobachtungsprotokoll F1, Abs. 53–58.

B: hat sie fragen?

D: mh-hm ehm nur <<lacht>> mech mehr ja genauso wie wie iech was sie meinen mh was ist mehr perspektive für zukunft hat

B: ((tippt)) mh-hm[20]

In diesem Fall schaltet sich der Berater in die ausgangssprachliche Aushandlung ein, die bereits mehrere Rückfragen und ihre direkte Beantwortung durch die Dolmetscherin, eine Freundin der Kundin, beinhaltet. Mit der direkten Ansprache der Dolmetscherin, ob die Kundin Fragen habe, zeigt der Berater seinen Wunsch an, die ausgangssprachliche Aushandlung zu limitieren. Während die Dolmetscherin ihm antwortet, drückt sie durch ihr leichtes Lachen potenziell ihr Unbehagen aus, dass mit der Rückfrage des Beraters Zweifel an der Dolmetschung bzw. an der akkuraten Wiedergabe des ausgangssprachlich Gesprochenen kundgetan wurden. Der Berater selbst lauscht der Ausführung der Dolmetscherin nur passiv, tippt gleichzeitig und ratifiziert die Äußerung lediglich mit einem „mh-hm" beinah abwesend; er nutzt damit seine dominierende Position im zielsprachlichen Raum, um die Dolmetscherin auf subtile (wenngleich produktive) Weise zur Ordnung zu rufen.[21]

Doch der ausgangssprachliche Raum kann auch disruptiv und vehement adressiert werden:

> Der Dolmetscher nimmt das Blatt mit der Verzichtserklärung und erklärt es der Kundin ausgangssprachlich, es entsteht eine lange ausgangssprachliche Interaktion zwischen der Kundin und dem Dolmetscher, während der Berater erneut ausgeblendet wird.
>
> B: ANSONSTEN [(((laut und abrupt das ausgangssprachliche Gespräch unterbrechend] wenn sie nach Deutschland zurückkehrt[22]

Hier wird erkenntlich, wie sich der Berater beinahe brachial in das ausgangssprachliche Gespräch hineinwirft und damit klar markiert, dass die – zu diesem Zeitpunkt exklusiv stattfindende – Konversation an dieser Stelle zu beenden sei. Auf diese Weise *begrenzt* er die ausgangssprachliche Interaktion ohne Erklärung, Einlassung oder Entschuldigung und nutzt folglich diese Möglichkeit, die Sprechenden hinlänglich ihrer Macht

---

20 Transkript Gespräch 2, Abs. 134ff.
21 Es handelt sich hier, im Sinne Goffmans, um eine *Ausgleichungshandlung* und damit um eine „Handlungssequenz, die durch eine anerkannte Bedrohung des Images in Bewegung gesetzt wird und mit der Wiederherstellung des rituellen Gleichgewichts endet." Goffman, *Interaktionsrituale*, S. 25.
22 Beobachtungsprotokoll F1, Abs. 59–65.

(-losigkeit) zu positionieren. Es sind diese Mittel des *Be-Grenzens* von Übersetzung, die einen interessanten Einblick in die Perspektive der Berater*innen geben:

> manchmal denken erzählt man irgendwas versucht des alles gut zu beschreiben und die übersetzung erscheint einem manchmal etwas KURZ <<lacht> dann fühlt man sich natürlich komisch fr manchmal frag ich auch ham se des jetzt auch alles irgenwie jetzt wirklich so erklärt oder oder nicht aber des is dann immer nur n kurzer moment und man kann den eh nicht ändern ((atmet ein))[23]

Wie die Beraterin hier formuliert, kann eine besonders knappe Dolmetschung den Eindruck erwecken, der Informationsfluss würde die Kundschaft nur unvollständig, oder stark verändert, erreichen. Mit Mühe Beschriebenes könnte, so fürchtet die Mitarbeiterin, in der Übersetzung zur Unkenntlichkeit oder Unverständlichkeit entfremdet werden. Besonders interessant ist jedoch der entscheidende Moment, in dem die Beraterin ihr eigenes Resignieren reflektiert – das aus einer Situation resultiert, die man ohnehin nicht ändern könne. Sie artikuliert damit das Spannungsfeld, das sich zwischen der (Ohn-)Macht der Berater*innen und den Strategien des Begrenzens von Übersetzung abzeichnet. Während die Berater*innen, zumindest augenscheinlich, eine dominierende Position innehaben, verweist doch ihr strategischer Umgang mit der Unzugänglichkeit der Übersetzung auf das notwendige *Be-Grenzen* des Unkontrollierbaren: dem ausgangssprachlichen Raum.

Praktiken des Protokollierens

Eine weitere Umgangsweise mit jenem Unkontrollierbaren findet sich in der Praxis des Protokollierens. Diese ist maßgeblich an die Eingliederungsvereinbarung gekoppelt, da mit ihrer Unterzeichnung ein „gemeinsamer Weg" festgelegt wird. Die Eingliederungsvereinbarung kann als „öffentlich-rechtlicher Vertrag"[24] verstanden werden, der sowohl die Unterstützung des Jobcenters als auch die Verpflichtungen des oder der leistungsberechtigte*n Kund*in mit dem Ziel der Bezugsbeendigung reguliert.

Im konkreten Beratungsgespräch erfüllt die Eingliederungsvereinbarung die Funktion, die individuelle Situation zu berücksichtigen und in der

---

23 Interview Beraterin 2, Abs. 11.
24 Sarah Bernhard u. Monika Senghaas, *Eingliederungsvereinbarungen im Jobcenter schaffen Verbindlichkeit, aber die Mitwirkungspflichten dominieren*, IAB-Forum, 2021, https://www.iab-forum.de/eingliederungsvereinbarungen-im-jobcenter-schaffen-verbindlichkeit-aber-die-mitwirkungspflichten-dominieren/, Stand: 19.04.2024.

Beratung gemeinsam zu eruieren, was die Kund*innen brauchen, um ihrer Verpflichtung nachzukommen. Dabei kann es sich zum Beispiel um das Absolvieren eines Bewerbungscoachings handeln, welches in der Beratung vermittelt wird. Da die Eckpfeiler der Eingliederungsvereinbarung gemeinsam und während des Gesprächs erarbeitet werden, wird sie durch den/die Mitarbeiter*in im Verlauf des Gesprächs verfasst bzw. um elementare Punkte ergänzt: „B: dann mach ich jetzt schnell die Eingliederungsvereinbarung fertig".[25] In diesem Sinne kann die Eingliederungsvereinbarung als offizielles Protokoll verstanden werden: als Vertrag, der am Gesprächsende zu unterzeichnen ist, die Beratungssituation – in ihrem Prozess und Resultat – folglich überdauert und Rechte ebenso wie Pflichten festschreibt.

Die tatsächlichen Praktiken in den Beratungsgesprächen weichen allerdings signifikant von dieser Darstellung ab. So muss einerseits festgehalten werden, dass in vielen Fällen die Eingliederungsvereinbarung in ihrer Ausgestaltung weniger gemeinsam erarbeitete Konsequenz intensiver Beratung und Diskussion ist und vielmehr auf den Annahmen der Berater*innen basiert:

> Die Eingliederungsvereinbarung habe [ich] schon vorbereitet, muss ich ehrlich gestehen, dass ich es doof find, wenn du [Berater*in] dich mit deinem PC beschäftigst, wenn der Kunde da ist.[26]

Auch wird vielfach darauf hingewiesen, dass die Eingliederungsvereinbarung so spezifisch sei, dass sie nicht so komplex erklärt werden kann, wie sie verschriftlicht wird – und zu unterzeichnen ist. So entwickeln sich Diskrepanzen zwischen dem gemeinsamen Besprechen der Eingliederungsvereinbarung und dem Dokument, das den Kund*innen zur Unterschrift vorgelegt wird:

> „Entspricht denn Sprachkurs dem Integrationskurs? Das hab ich jetzt in ein paar Gesprächen gehört," frage ich nach. „Genau", entgegnet [die Beraterin], „diese Unterschiede sind zu komplex, sage es immer so, ich schreib es dann richtig rein".[27]

Für die Unterzeichnung eines Vertrages ist es maßgeblich, dass beide Parteien die Inhalte des zu Unterschreibenden begreifen. Und so wird es auch im Angesicht variierender Komplexitätsgrade in der Darstellung wahrhaft kompliziert, wenn mit der Mehrsprachigkeit bzw. der Notwendigkeit für

---

25 Interview Berater 1, Z. 133.
26 Interview Beraterin 3, Abs. 33.
27 Beobachtungsprotokoll F3, Abs. 42.

Dolmetschung eine weitere Dimension von zu sicherndem Verständnis relevant wird. Tritt tatsächlich der seltene Fall ein, dass ein Nicht-Verstehen der Eingliederungsvereinbarung direkt im Gespräch markiert wird, wird wie folgt verfahren: „[I]n solche fälle dass ich dann die eingliederungsvereinbarung mit mitgebe um des sonst daheim übersetzen lesen und dann halt unterschrieben zurückschicken".[28]

Ein erfolgreiches Gespräch zeichnet sich jedoch durch eine im Gespräch unterzeichnete Eingliederungsvereinbarung aus. Vor dem Hintergrund der bereits dargelegten Dolmetschstrategien lässt sich die Frage formulieren, inwiefern ein tatsächlich *informiertes* Unterzeichnen der Eingliederungsvereinbarung in gedolmetschten Beratungsgesprächen möglich ist. Somit kann auf eine, wenn nicht *die* essenzielle Funktion der Eingliederungsvereinbarung verwiesen werden: die situationsüberdauernde Sicherung einer komplexen Gesprächssituation durch ihre (wenn auch potenziell selektive oder gar unverstandene) Verschriftlichung. Auf diese wird sich qua Unterschrift geeinigt – wenn auch „nur" symbolisch.

Fazit

Der vorliegende Beitrag verfolgte das Ziel, die kollaborativen Strategien des Dolmetschens und Übersetzens in mehrsprachigen Beratungsgesprächen am Jobcenter nachzuzeichnen. Dafür wurde sowohl die interaktionale Dynamik als auch die performative Praxis – und somit der *modus operandi* – der Übersetzungssituation analysiert. So konnten die Gelingensbedingungen „guten" Dolmetschens im praktischen Vollzug gemeinsamen Interagierens *aller* Situationsteilnehmer*innen verortet und folglich dargelegt werden, dass der „Erfolg" der Beratungssituation fundamental vom tatsächlichen „Verstehen" der Kundschaft entkoppelt ist. Stattdessen ist eine Beratung dann erfolgreich, wenn durch den Einsatz von Dolmetscher*innen weitere Anschlussfähigkeit für behördliches Handeln gewährleistet wird – maßgeblich durch das Unterzeichnen der Eingliederungsvereinbarung. Diese dient der Behörde als elementarer Baustein im Bearbeiten der Falllogik und ist damit als besondere Praxis des Protokollierens zentral für ein gelingendes Beratungsgespräch: Denn mit Unterzeichnung der Eingliederungsvereinbarung wird die hochkomplexe Verständigungssituation durch ihre (selektive) Verschriftlichung perpetuiert –

---

28 Interview Berater 1, Abs. 83–84.

und damit die Kontingenz der Übersetzungssituation für das behördliche Handeln eindeutig gemacht.

Literaturangaben

Aguilar, Raquel Pacheco u. Marie-France Guénette, „Introduction. Exploring translation and interpreting as ‚practice'", in: Dies. (Hg.), *Situatedness and Performativity: Translation and Interpreting Practice Revisited*, Leuven University Press, 2021, S. 11–24.

Bernhard, Sarah u. Monika Senghaas, *Eingliederungsvereinbarungen im Jobcenter schaffen Verbindlichkeit, aber die Mitwirkungspflichten dominieren*, IAB-Forum, 2021, https://www.iab-forum.de/eingliederungsvereinbarungen-im-jobcenter-schaffen-verbindlichkeit-aber-die-mitwirkungspflichten-dominieren/, Stand: 19.04.2024.

Goffman, Erving, *Interaktionsrituale. Über Verhalten in direkter Kommunikation*, Frankfurt a. M., Suhrkamp, 1986.

Renn, Joachim, „Einleitung: Übersetzen, Verstehen, Erklären", in: Joachim Renn, Jürgen Straub u. Shingo Shimada (Hg.): *Übersetzung als Medium des Kulturverstehens und sozialer Integration*, Frankfurt a. M./New York, Campus, 2002, S. 13–38.

Renn, Joachim, *Performative Kultur und multiple Differenzierung: Soziologische Übersetzungen I*, Bielefeld, transcript, 2014.

Schmidt, Robert, *Soziologie der Praktiken. Konzeptionelle Studien und empirische Analysen*, Berlin, Suhrkamp, 2012.

Schögler, Rafael Y., „Versprechen des Un_Übersetzten im Feld der Geistes- und Sozialwissenschaften", in: Nadja Grbić et al. (Hg.), *Übersetztes und Unübersetztes: das Versprechen der Translation und ihre Schattenseiten*, Bielefeld, transcript, S. 137–161.

Srubar, Ilja, *Kultur und Semantik*, Wiesbaden, VS Verlag für Sozialwissenschaften, 2009.

Wolf, Michaela, „A ‚performative turn' in translation studies? Reflections from a sociological perspective", in: *TranscUlturAl: A Journal of Translation and Cultural Studies* 9/1 (2017), S. 27–44.

Kurzbiografien

Hans Baumann

Hans Baumann studierte an der Eberhard Karls Universität Tübingen Französisch und Geschichte auf Lehramt. Seit seinem Abschluss (Master of Education) 2022 arbeitet er als wissenschaftlicher Mitarbeiter am Romanischen Seminar der Universität Tübingen. Im Rahmen seiner interdisziplinären Promotion, die als Cotutelle de thèse an den Universitäten Tübingen und Tours durchgeführt wird, interessiert er sich für das Französischlernen deutschsprachiger Jugendlicher und junger Erwachsener bei Auslandsaufenthalten im französischsprachigen Raum der Frühen Neuzeit.

Hans BAUMANN a étudié le français et l'histoire (parcours formation aux métiers de l'enseignement) à l'Université de Tübingen (Eberhard Karls Universität Tübingen). Depuis l'obtention de son diplôme (Master of Education) en 2022, il est chargé de recherches au Département d'études romanes de l'Université de Tübingen. Dans le cadre des recherches menées pour la rédaction de sa thèse à caractère interdisciplinaire qu'il écrit en cotutelle à l'Université de Tübingen et à l'Université de Tours, il s'intéresse tout particulièrement à l'enseignement du français auprès d'adolescents et de jeunes adultes ayant effectué un séjour à l'étranger dans un pays francophone à l'époque moderne.

Natalie Bella

Natalie Bella studierte von 2014 bis 2020 Soziologie an der Leopold-Franzens-Universität Innsbruck (B.A.) und der Friedrich-Alexander-Universität Erlangen-Nürnberg (M.A.). Während ihres Studiums war sie als Betriebsratsvorsitzende in der Luftfahrtbranche tätig und wirkte als Projektmitarbeiterin am Institut für Arbeitsmarkt- und Berufsforschung (IAB) der Bundesagentur für Arbeit wie auch der FAU Erlangen-Nürnberg. Für die Dauer ihrer Promotion, die sie 2020 als Stipendiatin des Fulda Graduate Centre for Social Sciences begann, ist sie als Gastwissenschaftlerin am IAB-Projekt „Netzwerke des Ankommens" beteiligt.

Natalie BELLA a fait des études de sociologie à l'Université Leopold-Franzen d'Innsbruck (Licence) et à l'Université Friedrich-Alexander (FAU) d'Erlangen-Nuremberg (Master) de 2014 à 2020. Pendant ses études, elle a présidé un comité d'entreprise dans le secteur de l'aéronautique et a collaboré à des projets menés à l'Institut de recherche pour le marché du travail et l'emploi de l'Agence fédérale pour l'emploi (IAB) ainsi qu'à la FAU Erlangen-Nuremberg. Pour la durée de son doctorat, qu'elle a commencé en 2020 en tant que boursière du Fulda Graduate Centre for Social Sciences, elle participe en tant que chercheuse invitée au projet IAB « Netzwerke des Ankommens ».

Jasmin Berger
Jasmin Berger promoviert als Stipendiatin in einem Cotutelle-Verfahren an der Hochschule Fulda (FGCSS, Prof. Dr. Almut Zwengel) und der Université Toulouse – Jean Jaurès (CREG, Prof. Dr. Dirk Weissmann) zu dem Thema *Asterix auf Hessisch. Regionalität am Beispiel von Comic-Übertragungen*. Nach dem B.A. Sozialwissenschaften mit Schwerpunkt Interkulturelle Beziehungen (Fulda) hat sie den trinationalen Master *Deutschfranzösische Studien: Grenzüberschreitende Kommunikation und Kooperation* sowie den Doppel-Master *Germanistik* (Saarbrücken, Metz, Luxemburg) absolviert. Für ihre Masterarbeit mit dem Titel *Regionale Identitäten in der globalisierten Welt. Eine kulturwissenschaftliche Untersuchung am Beispiel des Okzitanischen und des Hessischen* erhielt sie 2022 den Exzellenzpreis der Deutsch-Französischen Hochschule.

Jasmin BERGER prépare une thèse de doctorat en cotutelle à la Hochschule Fulda (FGCSS, Prof. Dr. Almut ZWENGEL) et à l'Université Toulouse – Jean Jaurès (CREG, Prof. Dr. Dirk WEISSMANN) sur le thème *Astérix en dialecte hessois. La dimension régionaliste dans l'adaptation d'une bande dessinée*. Elle a obtenu sa Licence en « Sciences sociales avec spécialisation en relations interculturelles » à Fulda et a ensuite suivi le Master tri-national « Études franco-allemandes : communication et coopération transfrontalières » ainsi que le double Master en Études germaniques (Sarrebruck, Metz, Luxembourg). Elle a été récompensée en 2022 par le prix d'excellence de l'Université franco-allemande pour son mémoire de Master intitulé *Les identités régionales dans le monde globalisé. Une enquête en sciences culturelles s'appuyant sur l'exemple de l'occitan et du hessois*.

Geronimo Groh

Geronimo GROH est agrégé d'allemand et chargé de cours à l'Université de Strasbourg. Il rédige actuellement une thèse (*Irdisches Vergnügen in Gott : une révolution poétique entre Baroque et Lumières*) sous la direction de Jacques LAJARRIGE (CREG – Centre de Recherches et d'Études Germaniques, Université Toulouse – Jean Jaurès).

Geronimo Groh ist Oberstudienrat (agrégé) im Fach Deutsch und Lehrbeauftragter an der Universität Straßburg. Derzeit schreibt er seine Dissertation (*Irdisches Vergnügen in Gott : une révolution poétique entre Baroque et Lumières*) unter der Betreuung von Jacques Lajarrige (CREG – Centre de Recherches et d'Etudes Germaniques, Université Toulouse – Jean Jaurès).

Gabriel Labrie

Gabriel LABRIE est étudiant au Doctorat en littérature, option Études allemandes, au Département de littératures et de langues du monde de l'Université de Montréal (Québec/Canada). Dans le cadre de son projet de recherche, il se penche entre autres sur des questions reliées à l'intégration sociale en contexte plurilingue au Luxembourg.

Gabriel Labrie promoviert im Promotionsstudiengang „Literaturwissenschaft mit Schwerpunkt Germanistik" am Département de littératures et de langues du monde der Universität Montreal (Québec/Kanada). Im Rahmen seines Forschungsprojekts befasst er sich unter anderem mit Fragen der sozialen Integration im mehrsprachigen Kontext Luxemburgs.

Caio Lee

Caio LEE est doctorant à l'Universidad de Valencia (Espagne) avec une enquête sur l'aphorisme en tant que forme et sa réalisation dans les *Minima Moralia* de Theodor Adorno. Outre la théorie critique, il s'intéresse en particulier à la théorie littéraire, à la psychanalyse, aux études décoloniales, aux études sur l'Amérique latine et à la culture numérique.

Caio Lee untersucht als Doktorand der Universität Valencia (Spanien) die Form des Aphorismus und seine Anwendung bzw. Umsetzung in Theodor Adornos *Minima Moralia*. Zu seinen Forschungsinteressen zählen neben der kritischen Theorie auch Literaturtheorie, Psychoanalyse, dekoloniale Studien, Lateinamerikastudien und digitale Kultur.

Simone Lettner

Simone Lettner ist Doktorandin der Literaturwissenschaft an der Paris Lodron Universität Salzburg im Cotutelle-Verfahren mit der Université Toulouse – Jean Jaurès. Im Rahmen ihrer Dissertation interessiert sie sich für das Schreiben bei Stefan Zweig und setzt dieses mit literaturwissenschaftlichen Überlegungen zum Schreibprozess, insbesondere mit dem Konzept der ‚Schreibszene', in Verbindung. Aktuell ist sie als Universitätsassistentin an der Germanistik der Paris Lodron Universität Salzburg beschäftigt, nach Tätigkeiten u.a. als wissenschaftliche Mitarbeiterin am Stefan Zweig Zentrum in Salzburg und als Doc-Stipendiatin der Österreichischen Akademie der Wissenschaften.

Simone LETTNER est doctorante en littérature à l'Université Paris Lodron de Salzbourg en cotutelle avec l'Université Toulouse – Jean Jaurès. Dans le cadre de sa thèse, elle s'intéresse à l'écriture de Stefan Zweig qu'elle met en relation avec des réflexions théoriques sur le processus d'écriture, notamment avec le concept de la 'scène d'écriture'. Elle travaille actuellement comme assistante universitaire au Département d'allemand de l'Université Paris Lodron de Salzbourg, après avoir été employée scientifique au Stefan Zweig Zentrum Salzburg et avoir bénéficié d'une bourse doctorale de l'Académie des Sciences autrichienne.

Magdalena Mühlböck

Magdalena Mühlböck hat Germanistik und Vergleichende Literatur- und Kulturwissenschaft (Schwerpunkt Komparatistik) an der Universität Salzburg studiert. Seit Oktober 2022 ist sie Universitätsassistentin am Institut für Germanistik an der Universität Klagenfurt und arbeitet an ihrer Dissertation mit dem Arbeitstitel *Postkoloniale Welterzählungen in der deutschsprachigen Gegenwartsliteratur und in der Museografie*. Sie ist außerdem Mitherausgeberin des Salzburger Kunst-, Theorie- und Literaturmagazins *archipel*.

Magdalena MÜHLBÖCK a fait des études de germanistique et de littérature et civilisation comparées (spécialisation en littérature comparée) à l'Université de Salzbourg. Depuis octobre 2022, elle est assistante universitaire à l'Institut d'études germaniques de l'université de Klagenfurt et rédige une thèse de doctorat dont le titre provisoire est *Les récits du monde postcolonial dans la littérature contemporaine en langue allemande et dans la muséographie*. Elle est également co-éditrice d'*archipel*, un magazine salzbourgeois d'art, de théorie et de littérature.

Solène Scherer

Solène SCHERER est actuellement postdoctorante à l'Université de Lorraine pour le projet ANR-FWF « DECAF ». Ses recherches portent sur la gestion politique et mémorielle du patrimoine en Europe – et plus particulièrement en France, en Autriche et en Allemagne – et leur impact sur la construction des États modernes. Elle s'intéresse aussi aux mythes culturels autrichiens, ainsi qu'aux enjeux politiques et identitaires autour de leur mobilisation contemporaine.

Solène Scherer ist derzeit Postdoktorandin an der Université de Lorraine für das ANR-FWF-Projekt „DECAF". Ihre Forschung konzentriert sich auf die politische und denkmalpflegerische Verwaltung des Kulturerbes in Europa – insbesondere in Frankreich, Österreich und Deutschland – und deren Auswirkungen auf die Bildung moderner Staaten. Sie interessiert sich auch für österreichische Kulturmythen sowie für politische und identitäre Fragen ihres zeitgenössischen Gebrauchs.

AN INTERDISCIPLINARY SERIES
OF THE CENTRE FOR INTERCULTURAL AND EUROPEAN STUDIES

INTERDISZIPLINÄRE SCHRIFTENREIHE
DES CENTRUMS FÜR INTERKULTURELLE UND EUROPÄISCHE STUDIEN

CINTEUS ▪ Fulda University of Applied Sciences ▪ Hochschule Fulda
ISSN 1865-2255

1. *Julia Neumeyer*
   Malta and the European Union
   A small island state and its way into a powerful community
   ISBN 978-3-89821-814-6

2. *Beste İşleyen*
   The European Union in the Middle East Peace Process
   A Civilian Power?
   ISBN 978-3-89821-896-2

3. *Pia Tamke*
   Die Europäisierung des deutschen Apothekenrechts
   Europarechtliche Notwendigkeit und nationalrechtliche Vertretbarkeit einer Liberalisierung
   ISBN 978-3-89821-964-8

4. *Stamatia Devetzi und Hans-Wolfgang Platzer (Hrsg.)*
   Offene Methode der Koordinierung und Europäisches Sozialmodell
   Interdisziplinäre Perspektiven
   ISBN 978-3-89821-994-5

5. *Andrea Rudolf*
   Biokraftstoffpolitik und Ernährungssicherheit
   Die Auswirkungen der EU-Politik auf die Nahrungsmittelproduktion am Beispiel Brasilien
   ISBN 978-3-8382-0099-6

6. *Gudrun Hentges / Justyna Staszczak*
   Geduldet, nicht erwünscht
   Auswirkungen der Bleiberechtsregelung auf die Lebenssituation geduldeter Flüchtlinge in Deutschland
   ISBN 978-3-8382-0080-4

7. *Barbara Lewandowska-Tomaszczyk / Hanna Pułaczewska (ed. / Hrsg.)*
   Intercultural Europe
   Arenas of Difference, Communication and Mediation
   ISBN 978-3-8382-0198-6

8. *Janina Henning*
   In Dubio Pro Europa?
   An Analysis of the European External Action Structures after the Treaty of Lisbon
   ISBN 978-3-8382-0298-1

9. *Claas Oehlmann*
   Europa auf dem Weg zur Recycling-Gesellschaft?
   Die EU-Rohstoffinitiative im Kontext der Strategie Europa 2020
   ISBN 978-3-8382-0401-7

10. *Volker Hinnenkamp / Hans-Wolfgang Platzer (ed. / Hrsg.)*
    Interkulturalität und Europäische Integration
    ISBN 978-3-8382-0573-1

11. *Vera Axyonova*
    The European Union's Democratization Policy for Central Asia
    Failed in Success or Succeeded in Failure?
    ISBN 978-3-8382-0614-1

12. *Lisa Moessing*
    Lobbying Uncovered?
    Lobbying Registration in the European Union and the United States
    ISBN 978-3-8382-0616-5

13. *Andreas Herberg-Rothe (ed.)*
    Lessons from World War I for the Rise of Asia
    ISBN 978-3-8382-0791-9

14 *Agnieszka Satola*
Migration und irreguläre
Pflegearbeit in Deutschland
Eine biographische Studie
ISBN 978-3-8382-0692-9

15 *Vera Axyonova (ed.)*
European Engagement under
Review
Exporting Values, Rules, and Practices
to the Post-Soviet Space
ISBN 978-3-8382-0860-2

16 *Işıl Erduyan*
Multilingual Construction of
Identity
German-Turkish Adolescents at School
ISBN 978-3-8382-1201-2

17 *Hans-Wolfgang Platzer*
Bronislaw Huberman und das
Vaterland Europa
Ein Violinvirtuose als Vordenker der
europäischen Einigungsbewegung in
den 1920er und 1930er Jahren
ISBN 978-3-8382-1354-5

18 *Aileen Heid*
Erinnerungspolitik
Nordirlands langer Weg zum Frieden
ISBN 978-3-8382-1351-4

19 *Juliana Damm, Maren Mlynek*
Die AfD und Geflüchtete
Was rechte Ideologie gesellschaftlich
bewirkt
ISBN 978-3-8382-1448-1

20 *Julian Wessendorf*
Euroskeptizismus auf dem
Vormarsch
Positionen der politischen Rechten im
Europaparlament
ISBN 978-3-8382-1557-0

21 *Kirsten Nazarkiewicz,*
Norbert Schröer (Hrsg.)
Verständigung
in pluralen Welten
ISBN 978-3-8382-1345-3

22 *Stamatia Devetzi (Ed.)*
Practical issues of European
Social Security Law: A Dialogue
between Academia and
Practitioners
ISBN 978-3-8382-1706-2

23 *Jasmin Berger, Geronimo Groh,*
Simone Lettner (Hrsg.)
Sprache(n) und Grenze(n) –
Sprachgrenzen
Übersetzen, Dialekt und Literatur,
Literarische Mehrsprachigkeit
Frontières linguistiques –
langue(s) et frontière(s) :
L'art de la traduction, dialecte et
littérature, plurilinguisme littéraire
ISBN 978-3-8382-1918-9

ibidem.eu